U0691222

现代图书馆业务工作与管理新探

宋军风　邢　奕　张　悦 ◎著

吉林文史出版社

图书在版编目（CIP）数据

现代图书馆业务工作与管理新探 / 宋军风，邢奕，
张悦著. -- 长春：吉林文史出版社，2022.10
ISBN 978-7-5472-9096-5

Ⅰ．①现… Ⅱ．①宋… ②邢… ③张… Ⅲ．①图书馆
业务－研究 Ⅳ．①G251

中国版本图书馆 CIP 数据核字(2022)第 193067 号

XIANDAI TUSHUGUAN YEWU GONGZUO YU GUANLI XINTAN

书　　名　现代图书馆业务工作与管理新探
作　　者　宋军风　邢　奕　张　悦
责任编辑　董　芳
出版发行　吉林文史出版社有限责任公司
地　　址　长春市福祉大路 5788号
印　　刷　北京四海锦诚印刷技术有限公司
开　　本　185mm×260mm 1/16
印　　张　10.25
字　　数　232 千字
版　　次　2023 年 7 月第 1 版　　2023 年 7 月第 1 次印刷
定　　价　52.00 元
Ｉ Ｓ Ｂ Ｎ　978-7-5472-9096-5

前　言

现代信息技术的广泛应用深深影响着人们的读书方法和借阅习惯。如今，读者的需求与信息获得渠道越来越多元化，现代图书馆须根据读者的需求，完善与创新馆内管理工作与服务水平工作，坚持以图书馆读者权益为中心，一切都从图书馆读者角度出发，做到馆内管理工作与服务工作的以人为本，实现信息技术和图书管理之间的完美契合，增强图书管理工作的质量和效率。

本书以"现代图书馆业务工作与管理新探"为选题，探讨相关内容。全书共分为六章，第一章，现代图书馆初探，阐述了图书馆的基本知识，现代图书馆的起源与发展，现代图书馆的理念与职能，现代图书馆的常见类型；第二章，现代图书馆读者分析工作，内容包括现代图书馆读者结构分析，现代图书馆读者阅读心理，现代图书馆读者需求分析；第三章，分析现代图书馆读者教育工作，内容涉及现代图书馆读者教育概述、现代图书馆读者信息素养教育，大数据时代读者数据素养教育；第四章，解读现代图书馆参考咨询工作，内容涵盖现代图书馆参考咨询概述，现代图书馆咨询用户分析，现代图书馆参考咨询的形式，现代图书馆参考咨询服务内容；第五章，研究现代图书馆管理内容的多元化，主要包括现代图书馆的服务管理，现代图书馆的质量管理，现代图书馆的文化管理，现代图书馆的人力资源管理；第六章，基于信息化，大数据和新媒体不同视角探索现代图书馆管理创新。

本书体系完整、视野开阔，层次清晰，结构明了，从读者分析、读者教育和参考咨询等方面分析图书馆的业务工作，并以创新发展的眼光探索现代图书馆管理的新方向，从而推动现代图书馆新发展。

笔者在撰写本书的过程中，得到了许多专家、学者的帮助和指导，在此表示诚挚的谢意。由于笔者水平有限，加之时间仓促，书中所涉及的内容难免有疏漏之处，希望各位读者多提宝贵的意见，以便笔者进一步修改，使之更加完善。

目　录

第一章 现代图书馆初探

第一节 图书馆的基本知识

一、图书馆的构成要素

图书馆是以文献信息为活动对象，将之收集、整理、加工后提供给有需求的人的社会机构。图书馆的构成要素就是形成图书馆的基本构件。具体内容如下：

（一）读者要素与馆员要素

1. 读者要素

"读者"一直作为图书馆构成要素，而且是主要的构成要素之一。从需要与被需要的关系看，读者是需要者，图书馆是被需要者。两者是对等关系，在内涵上不存在互容关系；从服务与被服务的关系看，图书馆是服务者，读者是被服务者。两者是对立关系，在内涵上不存在互容关系。毫无疑问，服务者的构成要素是不能包含被服务者的；从依赖关系来看，图书馆依赖读者而存在，两者是依赖与被依赖的关系，在内涵上同样不存在互容关系。

人类社会的信息需求，才推动了图书馆的产生与发展，也正是有了人类社会对信息的多种多样的需求，才孕育了图书馆这样的社会性服务机构。人类社会的信息需求决定着图书馆的兴衰存亡。对于图书馆而言，只有顺应人类的信息需求，并随之动态地发展，才能够生存下去并获得发展。因此，与其说读者是图书馆的构成要素之一，还不如说是读者的信息需求才真正是图书馆的构成要素。

2. 馆员要素

图书馆的工作人员一般被称作"馆员"，是向读者提供服务的工作人员，是图书馆构成要素中的核心组成部分。馆员主要包括行政管理人员、专业技术人员。馆员的作用是在文献信息与读者需求之间搭建一座桥梁，起着纽带的作用。一方面，馆员根据自身对文献信息知识整合的专业技巧，向读者推荐文献信息资源；另一方面，根据读者对文献信息的需求和选择，将读者需求的信息呈现到读者面前，满足其需求。馆员和读者之间是相互依存、相互促进的，二者关系的好坏表明图书馆机制的运作效率和服务水平的高低。

目前，知识的普及性使自然学科和社会学科的发展日趋细致，同时又向深度发展，其专业性越来越强。这本身就使得文献信息的提供面临压力，使图书馆的工作人员要比以往任何时候都更具有主动性和创造性，只有这样参加到图书馆的运行中去，才能充分发挥馆员的作用。

（二）文献信息资源与存储设备

1. 文献信息资源

文献范围是指用文字、图形、符号、声频、视频等技术手段记录人类知识的一切载体，或理解为固化在一定物质载体上的知识。文献是记录、积累、传播和继承知识的有效手段，是人类社会活动中获取情报的最基本、最主要的来源，也是交流传播情报的最基本手段。正因为如此，人们把文献作为图书馆赖以存在和开展工作的物质基础。"文献信息资源是图书馆存在的基石，它决定了图书馆服务的质量和水平，图书馆服务工作的开展必须立足于丰富的文献信息资源。"[1]

图书馆对文献信息资源的分类方式如下：

（1）根据文献载体类型或形式划分。为了有效地存贮、传播知识，人类先后发明了各种各样的物质材料来记录信息，如甲骨、泥板、兽皮、竹简、纸张、音像磁带、缩微胶卷、光盘、U 盘等。因此，根据文献载体类型或形式划分，如图 1-1 所示。

```
┌─────────┐    ┌─────────┐    ┌───────────┐    ┌─────────┐
│  印刷型  │ ⇒ │  缩微型  │ ⇒ │ 计算机阅读型 │ ⇒ │  声像型  │
└─────────┘    └─────────┘    └───────────┘    └─────────┘
```

图 1-1 根据文献载体类型或形式划分

1）印刷型。印刷型是文献的最基本方式，包括铅印、油印、胶印、石印等各种资料。优点是可直接、方便地阅读。

2）缩微型是以感光材料为载体的文献，又可分为缩微胶卷和缩微平片，优点是体积小、便于保存、转移和传递。但阅读时须用阅读器。

3）计算机阅读型。计算机阅读型是一种最新形式的载体。它主要通过编码和程序设计，把文献变成符号和机器语言，输入计算机，存储在磁带或磁盘上，阅读时，再由计算机输出。它能存储大量情报，可按任何形式组织这些情报，并能以极快的速度从中取出所需的情报。近年来出现的电子图书即属于这种类型。

4）声像型。声像型，又称直感型或视听型，是以声音和图像形式记录在载体上的文

---

① 王志红.图书馆文献信息资源建设探析[J].科技资讯，2021，19（28）：177.

献，如唱片、录音带、录像带、科技电影、幻灯片等。

（2）根据不同出版形式及内容划分。

1）图书 。凡篇幅达到 48 页以上并构成一个书目单元的文献称为图书。

2）连续性出版物。连续性出版物包含期刊（其中含有核心期刊）、报纸、年度出版物。

3）特种文献。特种文献包括专刊文献、标准文献、学位论文、科技报告、会议文献、政府出版物、档案资料、产品资料。

（3）根据文献内容、性质和加工情况划分。

1）一次文献。一次文献是指以作者本人的研究成果为依据而创作的原始文献，如期刊论文、研究报告、专利说明书、会议论文等。

2）二次文献。二次文献是对一次文献进行加工整理后产生的一类文献，如索引、文摘、题录等。

3）三次文献。三次文献是在一、二次文献的基础上，进行分析、研究、加工、浓缩而形成的文献，如综述、指南、百科全书等。

总之，图书馆所拥有的文献信息资源所涵盖的知识和信息内容必须具有可反复使用性，即可以供有需求的人同时或先后、不分地域地反复使用、共享。而且不论其在传递过程中经过多少次的复制、转录、缩微、数字化等手段，仍要保持其原有的内容，从而开放地提供给读者，满足他们的需要。

2. 文献信息的存储设备

文献信息的存储设备也是图书馆构成要素之一。因为不管何种形式的文献信息形式都依赖于某种具体的设备进行存贮。如纸版图书的存贮需要馆舍，电子信息的存贮需要相应的电子存储设备，这些文献信息的存储设备是随着时代的前进而进行变化和发展的。如果运用得当，不仅会给图书馆的各种功能添辉增彩，而且能大幅度地促进图书馆各种功能的实现。

总之，上述各个要素共同构成了图书馆这一整体，并且这些要素既相互依存又相互促进，使图书馆这个在信息时代快速发展，同时又面临挑战的社会机构的功能日益强大，以期满足不同层次的读者和用户对各种信息的需求，促进社会各领域的发展。

二、图书馆的属性

属性是指事物本身所固有的性质。对于物质来讲，属性是物质必然的、基本的、不可分离的特性，而对于事物来说，属性是事物某个方面质的表现。一定质的事物常表现出多种属性，有本质属性和非本质属性的区别。其中本质属性就是指为一种事物所独有，借以同其他事物区别开来的那种属性。因此，一种事物的本质属性只有一个，不可能有两个或更多。当然，一个事物具有多种性质，除了其本质属性以外的所有其他属性会与其他事物性质有所重复，也就是非本质属性。

（一）图书馆的本质属性

从图书馆的概念来看，图书馆的工作涉及两个方面的内容，一方面是以文献信息资源的搜集、整理、保存、收藏、利用工作为主；另一方面是向读者提供其所需要的文献信息资源，满足其信息需求。这两项工作的内容向我们揭示了图书馆的本质属性，那就是信息服务的中介性。

（1）图书馆从事的是与文献信息有关的工作。文献信息的出现是图书馆产生的直接原因和根本原因，在图书馆长期的演变过程中，文献信息形式虽然有了巨大的改变，如载体形式由兽皮、龟甲、泥板丝帛纸张到光盘、电脑，但文献信息一直是图书馆的主要的、不变的工作对象。

（2）图书馆具有中介特性。图书馆的中介性是指图书馆文献信息资源和读者之间起到了居间联系的作用，是读者和信息交流的桥梁。图书馆的文献信息状况影响着读者的使用，读者的文献信息需求决定着图书馆的生存并指引着图书馆的文献信息收藏走向，正是这种相互之间的促进关系，使图书馆不断向前发展。

总之，现有关于图书馆本质属性的论述都存在着一定的道理，但综合对其进行评价，而不是单纯地予以全盘否定，更能接近图书馆的本质属性。

（二）图书馆的非本质属性

图书馆的非本质属性也就是图书馆作为一个组织机构所表现出来的一般属性，主要表现在以下方面：

（1）服务性。图书馆是一个以服务为其特性的公益性组织，其服务性本质却一直未变。图书馆一直是一个服务组织，它通过满足读者的各种需要，提供各种有偿的和无偿的服务行为来实现图书馆的存在价值。因此如果缺乏服务性这一属性，图书馆也就与档案馆毫无区别了。

（2）专业技术性。文献资源的搜集、整理从古至今都不是一件简单的事，而保存、收藏、利用这些文献同样也不轻松。因此，在图书馆几千年的发展历程中，人类针对文献信息的收集、整理、储藏、利用等一系列与信息加工有关的行为进行了认真的研究，到目前针对图书馆已经形成了多门专业性学科，如图书馆学、图书情报学等。这种专业性学科的发展，使图书馆的专业技术性更加增强了，而且使读者在利用、使用图书馆及其文献信息资源上感觉更加容易和便利。

（3）经济上的依附性。文献信息资源的搜集、整理、保存、收藏、利用是一项耗费颇多的事情，这就使得图书馆的正常运转需要大量的金钱。迄今为止，图书馆都不能完全成为经济上一个自给自足的组织，这也是为什么私人图书馆一直不能得到很好发展的原因。经济上的依附性限制了图书馆的发展，这种状况直到图书馆成为为普通公众服务的公益性组织才有所改变。现在，大多数图书馆的资金来源于政府资助和社会捐款，但资金短缺仍然是图书馆发展的瓶颈。

（4）功能上的基础性。图书馆的基础性是指图书馆的存在并不是为了创造多少经济效益，这一点与各种基础性学科的性质相似。同样相似之处还在于如果没有图书馆作为文献信息的储备场所，人类在历史的发展中可能早已失去了知识的延续性、完整性和系统性。正是图书馆具有了这种基础性功能，图书馆才能长期保持活力，继续生存和发展下去。

第二节　现代图书馆的起源与发展

一、图书馆产生的原因与条件

（一）图书馆产生的原因

作为人类文明程度的标志，图书馆是随着人类文明的进程产生和发展起来的，它的出现和发展对人类信息的交流，甚至人类发展的历史进程都产生了重大的影响。从目前可以考察到的情况来看，图书馆产生的主要原因是文字的出现和文献资源的增加。

文字是语言的书写符号系统，是记录语言的书写形式，其发展的最主要目的就是保存人类的信息。在文字产生之前，人类信息的交流形式主要依靠语言和行为，包括动作、表情等，是一种信息直接交流的形式。但由于这种交流形式受时间和空间的限制，不利于间接交流的发展，人类开始寻求一种全新的交流方式，文字就这样开始出现在人类文明进化的过程中。

文字是一种记录在一定载体上的信息，它克服了语言的缺陷，使人类历史脱离了口传身授的阶段。人类得以用文字来记录历史，人类的思想、文化由于文字的出现而不会失传。同时，人类透过文字这种高效的信息传播工具，提高了文化、思想、艺术、技术等人类文明的传播速度和效率。随着文字表达信息的复杂化，越来越多的事物被记载下来，形成了文献资料。为了能更好地整理、保存、利用这些资料，人类需要一个专门的场所来进行这些活动，最初的图书馆也就应运而生。所以我们说文献信息的收藏与文字的起源几乎同时产生，图书馆的产生始于有历史记载的时间。

（二）图书馆发展的条件

1. 社会条件

（1）社会生活的丰富，使人类记录的文字信息大幅度增加，需要越来越多专业的、复杂的情报系统来收集、整理、保存和利用这些文献，这自然促进了图书馆或档案馆的发展。随着社会生活的持续发展，各种公共性、专业性、学术性的图书馆普遍得到发展，图书馆成为人类文化生活的活动中心。

（2）人类社会开始重视自身文化教育培养，各种专业教育和培训机构大批涌现，这就需要能支持这种教育系统的信息储备场所。从早期的文化知识只掌握在少数人手里，到现在的知识普及，人类经历了漫长的历史时期，各种初级教育、高等教育事业蓬勃发展，导致相应的图书馆也快速发展。从 19 世纪下半叶开始，世界范围内的图书馆都进入了一个全新的发展阶段。图书馆由封闭的管理方式向开放式管理方式转变，越来越多的人走进了图书馆，使图书馆的文献资源得到了充分的利用。

（3）科学技术的发展，是图书馆快速发展的条件。科学技术的发展与图书馆的发展密切相关，二者相互促进，相互依托。每一次科学技术的发展都会促进图书馆的发展。图书馆的发展为人类提供了更多的信息储备用来发展科学技术，专业性、学术性图书馆的大量发展和存在就是证明。

2. 经济条件

（1）经济条件是图书馆存在和发展的物质基础。早期的图书馆都出现在经济条件相对优越的地区，如最早的图书馆就建在当时经济最发达的区域之一。即使是在现代社会，图书馆的存在和发展与经济状况息息相关，发达国家的图书馆数量比发展中国家要多，其信息存贮状况也更好，质量更高。

（2）经济条件的改善满足了人们对物质生活的需求，在物质生活满足的基础上人们寻求更高的精神满足。而图书馆的发展可以帮助人们满足精神需求，因此，人们投入更多的金钱和精力去搜集和整理文献信息以便使用，这也使得图书馆得到快速发展。

（3）图书馆的发展与一个国家经济制度上的健全和繁荣有直接联系。一个良好的、发达的经济体系要依赖于复杂的记录存储系统对其经济轨迹进行记录，图书馆就是这样一个经济媒介，它既是商业记录的储存所，也是进一步发展未来技术和商务的研究设施。

二、现代图书馆发展的影响

图书馆发展的社会背景是指图书馆在不同历史时期与不同历史阶段发展过程中所处的时代背景与社会环境。随着信息技术的发展及社会需求的变化，现代意义上的图书馆应运而生。同时，伴随着现代社会的发展，人们对图书馆的职能与形态以及对图书馆价值的认识都发生了深刻变化，社会发展的时代背景与社会环境成为推动图书馆发展的原动力与重要因素。

随着现代信息技术的飞速发展，现代图书馆的核心职能从对传统文献的保存与管理转向对数字信息的存取、管理与服务；知识化背景对图书馆发展的影响，使得图书馆的工作对象从文献转为知识，图书馆的职能也经历了文献管理—信息管理—知识管理的转变过程。在当今知识化背景下，知识图书馆是未来图书馆发展的必然趋势。现代图书馆不仅是满足人们各种需求的学习空间与知识空间，而且是人们日常生活中的交流空间、休闲空间与文化空间。

（一）万物互联的影响

信息技术的发展不仅对人们的社会生活产生了重大影响，也为社会各个行业的发展带来了新的机遇与挑战。伴随着社会的发展，图书馆也在不断地演变。当今世界正从物联网迈向万物互联时代，智能感知与全面互联、大数据应用等将成为今后图书馆发展的新特点。

万物互联对图书馆发展的影响主要体现在对用户阅读行为的影响上，数字阅读逐渐成为主流的阅读方式。同时，人们获取信息的方式也在发生着重要改变，搜索引擎及各种社交网络正在成为获取信息的重要渠道，在万物互联环境下，人们获取信息的方式呈现出移动化、碎片化与社交化的新特点，对图书馆服务提出了新要求，并由此催生了图书馆发展的新业态。智慧图书馆将成为图书馆转型与创新发展的新模式。互联、高效和便利是智慧图书馆的三大特点；以乘法关系将信息共享空间和创新社区两个"IC"空间结合起来，强化现代图书馆的学术创新支持与文化素养拓展功能，形成平方级的图书馆服务效能提升，使图书馆发展成为一个活跃的学术交流中心、炫动的知识加工中心和蕴聚的文化传承中心。现代图书馆应该更加注重作为城市第三空间的价值，更加注重信息交互与咨询能力的提升及与社会各界的广泛合作。

（二）学习科学的影响

文献阅读与利用是学习的一种重要方式，图书馆环境与学习有着紧密的联系。目前，教育学中形成了学习科学这样一个全新的研究领域，学习科学是对各种情境下学习的研究。学习科学作为一门关于教与学的跨学科领域研究，也是为未来学校绘制发展蓝图的一门科学。学习科学的兴起对图书馆，特别是对高校图书馆来说将产生重要的影响。随着学习方式与教育模式的变革，图书馆的功能将由文献收集与信息获取中心演变为学习体验和知识创造中心。另外，建构主义、信息共享空间和协同式学习理论的兴起，共同促使图书馆发展成为支持多种学习方式的知识空间、学习空间、研究空间、文化空间、多媒体空间、系统体验空间、创新空间与社交空间等。

三、现代图书馆的发展趋势

现代图书馆的发展趋势，如图 1-2 所示。

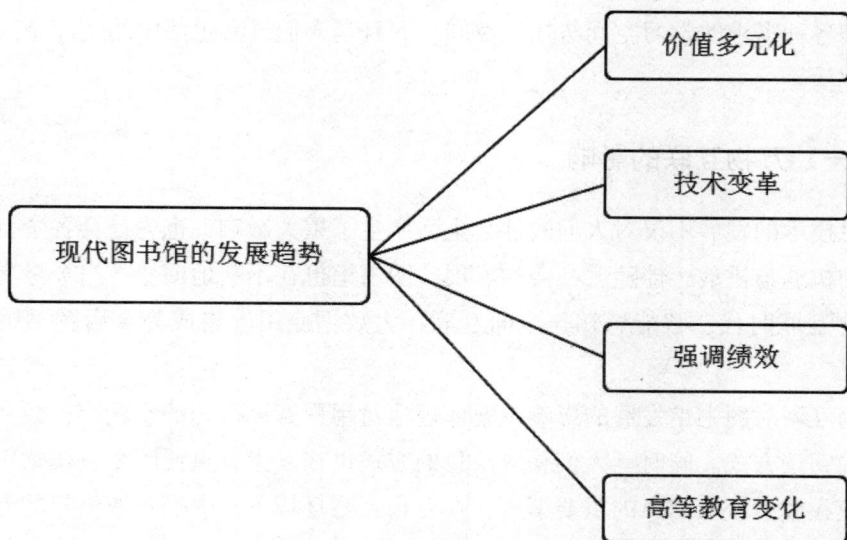

图 1-2 现代图书馆的发展趋势

（一）价值多元化

图书馆发展的第一个重要趋势，是多方面体现图书馆的价值。未来的图书馆将更加注重并体现图书馆作为时间价值的功能，更加注重并体现图书馆作为空间价值的功能，更加注重并体现图书馆作为空间价值的功能，更加注重并体现图书馆作为社会价值的功能，更加注重并体现图书馆作为社会价值的功能。

（二）技术变革

图书馆发展的第二个重要趋势，是技术变革的持续影响。现代信息技术的发展及应用将对社会所有行业产生重要影响，重组、跨界与融合将成为新常态，而图书馆以文献信息服务为本，未来图书馆的发展趋势，很大程度上也必然会受到信息技术的发展及其成果应用的影响。现代科学技术的迅速发展，不仅促使了图书馆理念与服务模式的变革，同时也推动了图书馆资源构成、业务组织形式及读者信息获取方式的重大改变，为图书馆在新的信息环境下不被边缘化提供了保障。

图书情报事业未来发展呈现五个趋势：①网络是图书情报服务的主战场；②"数据"是图书馆资源的基本类型；③智慧图书馆成为新的建设目标；④书目控制的理想照耀着下一代互联网；⑤图书馆作为一种空间的价值得到重新定义。

（三）强调绩效

图书馆发展的第三个重要趋势，是强调绩效。强调图书馆绩效，是因为在信息获取渠道激烈竞争的时代，图书馆要想不被边缘化且有所发展，必须不断证明其存在的价值。

（四）高等教育变化

图书馆发展的第四个重要趋势，是高等教育变化。当代新兴技术的发展及在高等教育领域的应用，带来了学习方式、教学模式和研究范式的重大变革，促使教育范式的重大转变。图书馆受信息技术与教育科研环境的影响，也在发生着重要转型。图书馆作为支撑高校教学科研文献信息保障的重要部门，应该重新定位其发展形态及功能职责，主动适应学习方式转变及教育模式变革。当前，高等教育发展给图书馆带来的挑战主要有如下内容，需要图书馆做出积极回应：

1. 开放成为高校的一种新的价值观

当前，开放资源运动广泛兴起，并逐步演变成为一种世界性的发展潮流。高校图书馆是学校的知识信息中心，除了拥有丰富的知识信息资源外，还拥有优质的空间资源，这些将成为其资源开放方面非常有利的条件，因此，高校图书馆要进一步增强开放获取意识，最大限度地满足读者开放获取的诉求。

随着新媒体技术的快速发展及在教育领域的应用，学生们越来越期望图书馆成为供他们方便使用的学习中心、社交中心和信息与知识共享中心。因此，图书馆应及时利用现代信息技术的发展成果，积极打造新型的学习空间、研究空间和创客空间，发挥图书馆作为学习场所的重要作用。

2. 学习的个性化特点日益凸显

有效发挥学生的个性化特点及潜能是现代教育的一个重要发展趋势。通过分析学生在学习过程中反馈的数据，研究改进教学与学生学习。图书馆在促进学生的个性化学习中具有重要的作用，要充分利用新技术对现代教育环境的变化，积极参与个性化学习平台的构建与服务。

教师角色将发生重要转变。在现代教育语境下，教师的角色将从讲授知识的主导者转化为泛在学习的指导者，图书馆将在支持非正式学习和信息素养培养方面发挥重要的作用。为此，图书馆需要进一步加强对数字图书馆及其应用的研究，实现信息资源与教学及学习环境的有机融合，为学生学习和教师辅导搭建平台。

3. 图书馆发展的重点

（1）泛在图书馆。泛在图书馆即图书馆无所不在，无论在何时何地，用户都可获得图书馆的服务。作为未来图书馆发展的重点。泛在图书馆突破了实体图书馆和数字图书馆的藩篱，重构了以用户需求为中心的新服务，打破了人们对图书馆的传统认识，真正从用户需求出发，适应用户的行为变化，模糊和淡化图书馆与用户之间的边界，将服务融入用户的科研与学习，嵌入其科研与学习过程中，是图书馆与用户之间进行的一种交互式服务方式，具有动态、无缝的特点，真正实现了用户在哪里，图书馆的服务就在哪里，为用户提供无处不在、随时随地的服务。

（2）智慧图书馆。智慧图书馆是以数字化、网络化、智能化的信息技术为基础，以互联、高效、便利为主要特征，以绿色发展和数字惠民为本质追求，是现代图书馆科学发展的理念与实践。

智慧图书馆兼具物联网和数字图书馆的双重特征，它的技术前提是数字化，信息基础是网络化，管理特征是智能化，方向目标是全球化。智慧图书馆具有互联、感知、泛在的特征，在管理、服务与交流等方面实现智慧化。智慧图书馆以人为中心，以用户需求为导向，泛在化是其外在特征，智慧型知识服务是其内在特征，其最终目标是满足用户对知识的需求。

智慧图书馆是在当今信息技术发展与应用推动下图书馆发展的一个新阶段，也是未来图书馆发展的一种新模式。正如我国学者王世伟所言，智慧图书馆能够为我们带来各种变化，可以从三个角度对这些变化进行观察：①互联的图书馆，细分为全面感知的图书馆、立体互联的图书馆、共享协同的图书馆；②高效的图书馆，细分为节能低碳图书馆、灵敏便捷图书馆、整合集群图书馆；③便利的图书馆，细分为无线泛在图书馆、就近一体图书馆、个性互动图书馆。智慧图书馆的发展与实现，必将为用户带来更高的服务质量和更具吸引力的学习环境，进而培养出更多的智慧公众。

第三节　现代图书馆的理念与职能

一、现代图书馆的理念

现代图书馆秉承对全社会开放的理念，承担实现和保障公民基本文化权利、缩小社会信息鸿沟的使命。现代图书馆是社会化的图书馆，应该是社区的中心。平等服务、知识自由、信息公平、社会包容是现代图书馆的基本理念。现代图书馆作为一个文化教育机构，是在近代图书馆的基础上发展起来的，其主要目的是平等使用和人性化服务。

（一）平等服务

平等就是指每个人都有同等社会地位和享有同等的社会权利。就图书馆来说，平等是指无论对潜在读者，还是现实读者，都平等对待。平等服务包含每一个读者应该享有权利所给予的最低限度保障，还包含每位读者在图书馆应该得到的为每个人提供平等发展机会的权利。图书馆的建立就是为了给公众提供一个文化服务的场馆，图书馆应该本着平等利用的原则，尊重读者用户，平等对待每位读者。图书馆要将人文关怀放在第一位，尽可能地为读者创造良好的阅读氛围，保障读者的阅读权利，给读者创造自由和平等地利用图书馆的机会。

图书馆要平等地对待读者，并给他们提供无差异化服务。在图书馆构建图书结构体系中要充分考虑读者的心声，而不是为了迎合一些领导喜好随意地调整图书体系结构，只有这样图书馆才能够建立起平等的服务理念。

（二）知识自由

知识自由，是指知识的自由生产、自由传播、自由接受、自由管理的状态，或者说，知识活动主体（限从事知识活动的人）在公平、开放的环境下，无限制或最少限制地进行知识的生产、传播、接受、利用和管理活动的进程或状态，知识自由同言论自由、出版自由等一起构成人类的思想自由体系。

知识自由分为知识生产自由、知识传播自由和知识接受自由三大类。图书馆事业是人类追求知识自由理想的产物。保障公民知识自由，平等获取及利用信息与知识是图书馆事业的核心理念和最高使命所在。

（三）信息公平

信息公平理念是图书馆针对全社会领域的一种理念，它融入在整个信息行业之中。图书馆作为信息社会中的一个子系统，有着调节社会信息流向的重要功能，因此，在全民信息化的浪潮中，图书馆作为公共信息机构对维护信息公平有着不可推卸的义务。

信息公平所追求的是人们之间信息利益的平等状态，图书馆制度能够保障社会成员获取信息机会的平等，保障公民求知的自由与求知的权利，从而从知识、信息的角度维护了社会的公正。提供普遍服务，是图书馆为了维护信息公平而必须遵循的服务原则。

信息公平的表现包括：①消除社会信息鸿沟的义务；②加大图书馆的设立密度或扩展图书馆服务的空间覆盖范围，使有经常利用图书馆愿望的人群都能够不受距离障碍的限制。

（四）社会包容

社会包容理念的意义表现如下：第一，社会包容理念有利于图书馆理念体系的完善，使社会包容理念成为我国图书馆人普遍秉承的职业价值观，是对图书馆精神的体现；第二，发扬社会包容精神，改善公共图书馆服务质量，增强现代公共图书馆理念的意识，社会包容理念对公共图书馆行业的平等、有序发展有极强的指挥作用；第三，在制度建设上，应把社会包容理念写入各类有关制度文本之中，促使维护和践行社会包容理念制度化。

现代图书馆的社会包容理念包括：①图书馆包容不同类型的用户。用户群体具有极大的包容性、广泛性和多样性。②图书馆提供多元的馆藏文献。馆藏文献的多元化主要包括馆藏文献类型的多样性和馆藏文献内容的多元化两个方面。馆藏文献类型的多样性，要求公共图书馆的馆藏不仅包括除传统的文献信息实体馆藏，如纸质书刊、缩微制品、音像制品等外，还应包括虚拟馆藏，即电子文献和虚拟网络空间的电子信息资源。馆藏文献类型的多样性体现了公共图书馆满足各种类型读者的多样化需求的包容精神。

二、图书馆的职能

"图书馆性质的多样性，使之成为兼具多功能的综合体。"[①] 因此，图书馆的职能包括：社会职能与教育职能。

（一）图书馆的社会职能

图书馆活动的社会本质，决定了图书馆的社会职能。图书馆的社会职能是对社会外部作用的表现，它是社会赋予的。同时是一定时代的社会生活对图书馆提出的社会要求，因此它具有时代特征。图书馆在同外界社会的不断输入输出过程中获得生存和发展的动力。

图书馆的社会职能，如图 1-3 所示。

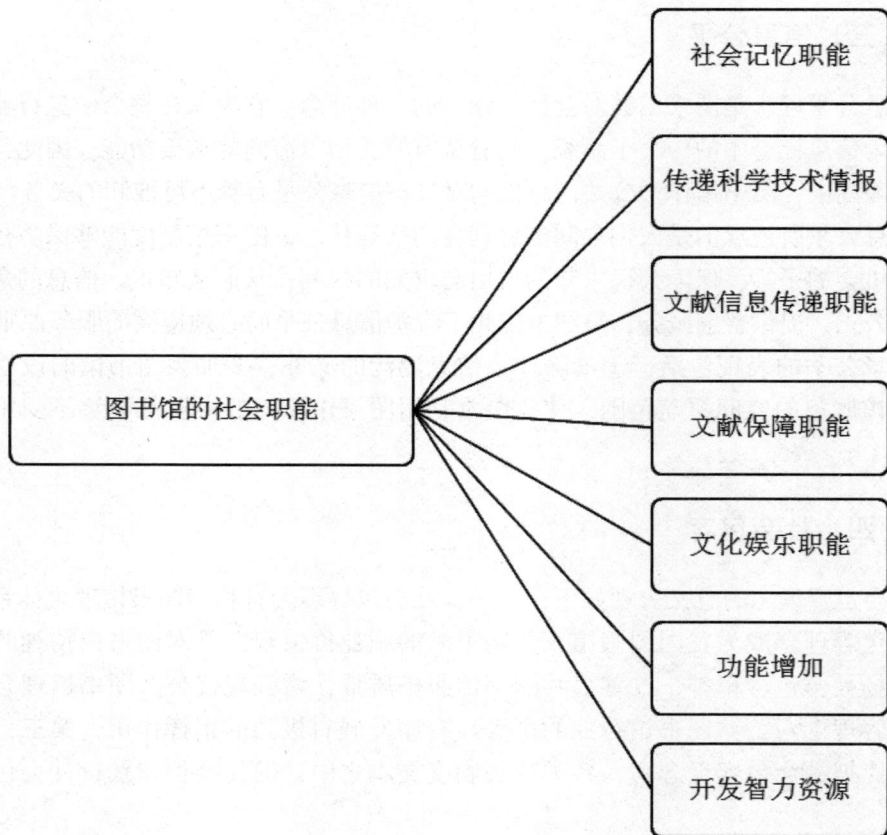

图 1-3 图书馆的社会职能

---

① 马科.图书馆职能的历史演进[J].传媒论坛，2022，5（10）：96.

1. 社会记忆职能

社会本身需要一个记载和保存人类知识和经验的存贮装置，社会也是在不断积累人类社会知识财富和继承人类文化遗产的过程中前进的。图书馆收藏着古今中外的人类知识成果，这些凝聚在文献中的知识，记录着人们征服自然和发展社会的手段与进程，记录着古往今来人类历史的发展和演变。从来没有任何一个社会机构能够像图书馆那样蓄积着如此丰富的知识宝藏。图书馆就像是人的大脑一样，它收藏文献就像是人的大脑的记忆功能，社会有了这个记忆的大脑，就能够跨越时代的鸿沟和历史的间隔，使一些已经消逝于现实中的人类知识的成果在现实中奇迹般地"复活"。它依赖的就是图书馆的社会记忆功能。正是这些社会记忆功能，才能够长期保存和积累社会知识，能够为再生和创造社会文明提供条件。

2. 传递科学技术情报

传递科学技术情报，是图书馆的又一主要社会职能。由于当今社会文献信息资源具有生产数量大、增长速度快，社会文献的类型复杂、形式多样和时效性强等特点，馆际交流、合作、资源共享正随着网络技术的蓬勃发展而兴盛起来，成为今后图书馆发展的新方向。

随着网络技术的发展，图书馆传递科学情报的职能得到进一步的发展，资源共享成为图书馆发展的主要方向，图书馆的隔绝性逐渐消失。如：中国高校启动和实施的文献信息资源共享系统就把全国高校图书馆联结为一个整体，建立"全国中心—地区中心—高校图书馆"三级联合保障体系，通过网络为中国高等教育和学术研究传递文献信息，提供学术支持，有力地促进了高校图书馆文献信息的利用。

目前，图书馆正以前所未有的传递科学情报的深广范围和快捷速度的形象出现在世人面前。传递的内容由基本信息向原文查阅和传递为主；定题服务、科技查新、学科管员等这些创新型服务使图书馆科技情报传递的方式也由被动向主动转变；馆际互动的方式由过去封闭、烦琐、简单的互借服务向开放式、网络化、深层服务转化。

3. 文献信息传递职能

图书馆收集了大量的科学文献，它拥有丰富的科学情报源和最新的科学技术发展成果。图书馆馆员通过把这些文献传递给读者，实现了文献的利用价值，这是图书馆文献信息传递职能的基本体现。

传递文献信息是图书馆的基本职能之一，这是由图书馆的中介性所决定的。读者到图书馆的最终目的也是要获取文献的内容信息。文献信息传递职能包括两个方面的内容：①文献的传递；②信息情报的传递。这是随着历史的发展而逐渐分化的两种功能。传递文献是对图书馆传递职能形式上的概括，传递信息情报则是对传递内容上进行的概括，传递信息情报不是孤立进行的，它是通过传递文献来实现的。

4. 文献保障职能

当文献作为特定的商品在社会中流通时，文献的供应和文献的需求就会存在一定的供需矛盾。为了解决读者依靠个人能力不能获得所需文献的矛盾，建立公共性的文献收藏机构，通过社会力量来聚积和提供文献，对社会成员的文献需要提供社会保障则成为可能。图书馆就是这种社会性的文献保障体系。

保存人类文化遗产的职能，是图书馆最古老的职能。直到现在，保存文化的职能仍然是图书馆其他职能的基础。图书馆在自身的发展进程中，保存对象的形式也在不断变化着，包括古代的龟甲兽骨、纸草泥板，近代的印刷型图书，现代的光盘、磁盘、磁带、胶片等，人类社会每前进一步，都会留下大量的文化遗产，它们都可以作为图书馆保存的对象。

与古代图书馆保存文化遗产相比，现代的图书馆保存职能发生了根本变化，古代图书馆更多注重文献的保存，现代图书馆则更多注重文献的使用，保存的目的在于使用。因此，现代图书馆保存文化遗产的职能，在图书馆的其他职能中是处于从属地位的。但同时我们也应该认识到，图书馆搜集和保存人类文化遗产的职能是图书馆本身所固有的、有代表性的职能，是图书馆区别于情报部门的重要特征之一。

图书馆所担负的文献保障的职能，是按照不同层次体现出来的。作为总体要领的图书馆，它必须担负全社会的文献保障。但是，对于某一个具体的图书馆来说，它所担负的职能的侧重点是不同的，这要从其活动的领域和服务范围内对读者实行相应的文献保障。这种不同范围和重点的文献保障，在总体上都要构成一个社会或国家图书馆体系的整体的文献保障能力。因此，评价一个社会或国家图书馆体系的发达程度，其文献贮备和人均文献保障率是一个很重要的指标，它反映了图书馆满足社会文献需要，提供社会文献利用的能力。

5. 文化娱乐职能

文化娱乐职能是图书馆的又一个不可忽视的基本职能，与其他社会职能一样，它的形成是图书馆本身的性质所决定的。图书馆作为社会知识交流的社会实体，它既与社会知识活动（如科学活动、教育活动）有密切关系，同时，它又是社会信息交流活动中的一个环节，与社会大众传播交流活动有相似和联系之处，具有社会传播交流的某些性质。娱乐作为传播交流的一个重要功能，在日常和经常的社会传播交流中占有很大的比重。例如，电子阅览室、多媒体教室、社科杂志、文艺类图书等，文献所反映的内容和形式是多种多样的，它的作用也是多方面的。

6. 功能增加

随着科学技术迅速更新，网络功能日益完善，社会需求知识的专业化、系统化，促使图书馆功能发生了深刻变革。

（1）自动化建设成为图书馆工作的基本环节。计算机替代人工劳动，管理规范，技术环节连接紧密，将失误率限制在最低程度，服务质量明显提高。

（2）工作中心将由文献采集、整理、存储等环节完全转移到社会服务上。网上文献采编和服务程序简易、标准、规范，使多角度、多途径、多方法为社会服务，成为图书馆工作中心。

（3）人工借阅、卡片目录将成为历史，计算机检索、开架借阅是主要借阅方式。电子出版物收藏、制作与利用是热点。

（4）图书馆成为文献服务局域网络中心，读者计算机成为终端，足不出户便可利用馆藏文献。

（5）情报、咨询、联机检索、查新、查专利、跟踪专题等服务是图书馆的主要工作内容。

（6）服务范围逐步扩大，通过网络连接，馆际协作、资源共享成为重要服务内容和形式，读者通过计算机可利用网内各馆文献资料。

（7）数字化将是图书馆文献建设的途径，如何进行和完善数字化将是图书情报界研讨争论的话题。

从总体上看，图书馆的几种基本职能是互相联系、互相补充的，孤立地强调某一方面的职能而忽视了其他方面的职能作用，则是片面的。图书馆的社会职能是在图书馆的发展过程中逐渐形成的。在图书馆发展的不同阶段，图书馆的职能有不同的侧重点。对于不同类型的图书馆来说，图书馆的职能也要根据其性质、任务、服务对象、收藏范围和所在地区等条件的不同，而有所侧重。因此，我们应该根据实际情况，发挥图书馆的职能作用，办出具有特色资源、特色服务的图书馆。

7. 开发智力资源

智力资源是指在人类文明发展历程中所创造、积累的物化成果，精神财富和未被发现和认识的潜在信息。图书馆工作中涉及的智力资源内容包括馆藏文献信息资源和网上相关文献信息资源。随着科学技术的发展，图书馆开发智力资源的功能得到了极大的发展。

（1）智力资源开发的内容范围扩大。图书馆在原有馆藏文献资源的基础上，依靠计算机网络，使图书馆文献资源实现了开发内容的扩大，不再单纯依靠手头信息进行信息的开发和利用。内容范围上的扩大，让读者不再感觉文献信息资源的匮乏，而是信息资源的膨胀，文献信息资源的储备远超过人的涉猎范围。

（2）智力资源开发的手段和方法更加现代化和多样化。专业数据库和信息库的建立和使用让读者更加便利地寻找到自己所需要的信息。

（3）服务对象的扩展化。以前，图书馆受自身场所空间上的限制，其服务对象仅限于周边较近的读者群。如果其他地区的读者需要获取该馆的馆藏文献信息资源，多数需要亲自上门查阅，但受网络服务的影响，远方的读者现在可以在异地获得很多与本地读者同样的服务。

除了以上几种基本社会职能外，越来越多的学者认为丰富人类的文化生活也是图书馆的社会职能之一。因为健康的文化娱乐是人类社会生活中不可缺少的组成部分，图书馆是社会文化生活的中心之一，所以图书馆在丰富人类文化生活中具有很重要的地位和作用。人们不仅可以去图书馆里借阅自己喜爱的图书、报纸、画刊，还可以享受图书馆的文化氛围。图书馆也应有的放矢地开始更多的文化娱乐活动，如向公众提供学术会议、大型展示会、报告会、研究会、甚至音乐会、电影、文艺演出、文化旅游等，丰富图书馆的服务项目、拓展图书馆的服务功能。

（二）图书馆的教育职能

图书馆的社会职能从文献收藏发展到文献利用，强调图书馆的社会教育职能。人们不再把图书馆仅仅看成是文献收藏的地方，而看成是一种社会性的科学、教育、文化的机构，看成是促进文化科学教育事业发展的社会力量。

1. 图书馆的教育职能的形成与发展

图书馆的教育职能的形成与演变，是与图书馆历史发展联系在一起的。在中国古代图书馆时期，图书馆的教育职能主要体现在为学校教育提供文献资料。到了现代社会，图书馆的社会教育功能得到了强化，随着现代科学事业的飞速发展，人们发现必须不断地进行知识更新，才能够适应时代的需要。知识更新的重要途径就是要不断地自我学习，从现代科学知识发展中吸收到最新的成果，不断地扩充自己的知识积累和提高自己的知识结构。而自我学习的一个重要方法就是依赖和利用图书馆丰富的文献资源。图书馆作为社会自学的组织者和场所，已经在现代社会生活中日益展示了它的新的活力。

2. 图书馆教育职能的本质

图书馆的教育职能与其他社会教育机构相比，有着本质的区别。它主要表现在如下四个方面：

（1）图书馆是通过文献来实施教育职能的。图书馆必须依靠充足的经费、丰富的馆藏文献，才能实现对教育的辅助作用。它利用和提供自己丰富的文献资源，向广大读者进行宣传教育和辅导，可以传播科学技术知识，帮助广大科技工作者掌握最新专业知识；可以向读者进行革命理想、共产主义道德、爱国主义教育；可以进行文献的宣传和推荐，寻找阅读的最佳途径。

（2）图书馆是自学和深造的场所。图书馆进行社会教育，是在图书馆为社会提供了自学的场所这个角度上提出来的。它通过建立良好的自学环境，利用各种途径提高读者的自我学习的能力、利用文献资源的能力，培养读者的情报意识，从而提高自我学习的效率。由于图书馆藏书的连续性，使得图书馆的教育也具有长期性和稳定性，并且是无限发展的。受教育者可以长期地、自由地利用图书馆进行自学，这是学校教育所不能比拟的。

（3）图书馆教育的对象和内容具有广泛性。图书馆作为一种中介性的社会机构，它的教育职能也带有中介性——文献对读者的教育作用是通过图书馆为中介而实现的。图书馆的教育职能受到图书馆的社会性、学术性所制约。到图书馆接受文献教育的读者具有广泛的社会性，它的教育对象涉及社会的各个知识结构、各种职业、各种年龄阶段的人。它的内容也包括科学知识的各个领域，既有思想教育，又社会文学，还有自然科学；既有各种通俗读物，又包括各行各业的专业知识以及读者利用图书和文献资源的方法及技能等各项内容。

（4）图书馆的教育活动主要有两方面的内容：一方面是对读者开展如何利用图书馆和文献检索的辅导与教育；另一方面是对图书馆全体馆员本身的在职教育和职业培训，以及建立和发展图书馆学教育体系。其中，读者教育占有较大的比重，职工教育是为了更好地开展图书馆工作，包括读者教育工作。

3. 图书馆教育与学校教育比较

图书馆利用书籍广泛进行社会教育，其教育作用较之学校教育具有以下特点：

（1）社会性和公共性。学校教育是在特定的人生阶段进行教育的一种形式，而图书馆的阅读教育是整个社会生活的一个组成部分，而且它是面向整个社会、全体公民开放的，它不受地域、年龄、职业、性别等方面的限制，是一种极为广泛的社会教育。

（2）连续性和辅助性。一个人在学校接受教育的时间终究是有限的，结束学校教育后的人生岁月，占我们生命中的三分之二以上，这段时间的教育主要是通过阅读来进行的。也就是说，阅读是人们进行连续教育的最好形式。与连续性相连的则是图书馆教育的辅助性。相对于学校教育来说，图书馆教育是正规教育的补充，它不但有活化课本知识的作用，还有补充课本知识不足的功能。

（3）潜在性和效用的长久性。学校教育的主要方式是传授知识，即所谓的"师者所以传道授业解惑也"，它的作用是明显的，学生成绩也是可以衡量的。而图书馆利用书籍的社会教育则是潜移默化的，在这里读者的自主性有着十分重要的作用，对不同的读者，书籍价值的实现情况也是不同的。而且，这种通过阅读获得的效果也不像学校教育那样可以用分数和升学率表现出来，而是长久地、不知不觉地影响着一个人的世界观、思想意识等。

4. 发挥图书馆教育职能，开展读者教育活动

在文献交流系统中，最活跃的因素是读者。文献交流活动是一种社会活动，它始于文献生产，结束于文献的"消费"。我国图书馆的读者工作，以最大限度满足读者需要为目的。读者工作是图书馆工作的出发点、过程和归宿。图书馆与读者是一对互相依存、互相影响、互相促进、互相制约的矛盾统一体。

社会的教育环境状况是决定图书馆读者队伍的根本原因。教育越发达，社会文化教育普及程度则越高。而社会文化教育普及程度是直接反映在社会具有阅读能力的人的数量上，也体现在图书馆的现实和潜在读者的数量上。在一个文盲占了相当比例的社会中不可

能要求图书馆有更大的发展，而教育普及的国家，图书馆发展则是现实的社会需要。

在现代信息技术迅猛发展的时代，图书馆的信息资源除了传统的印刷型文献外，越来越多地拥有电子载体读物、数字化资源及网络数据库，图书馆的信息服务也不再局限于自身收藏的文献信息，而是可通过网络在更大的范围内开展资源共享。网络环境下图书馆的信息服务形式正逐步更新为多媒体阅读、网络查询等。一个图书馆的功能价值体现的程度、文献资源的开发利用水平等，取决于读者的数量、质量和使用图书馆的效益和效果。因此，如何使读者具备现代技术条件下的信息能力，是图书馆的责任和义务。培养读者信息能力，是图书馆深化信息服务，开发图书馆所藏文献的必由之路。

第四节　现代图书馆的常见类型

一、图书馆的类型划分依据

确定划分图书馆类型的依据，需要弄清现在各种类型图书馆的基本状况，分析它们的相同之处和具体差异，然后根据这些情况确定划分的依据和标准。当然，从不同的角度出发，会有不同的结论影响图书馆类型划分依据，但仍然可以确定的是影响图书馆类型划分的主要因素，这些因素就可以成为划分图书馆的主要依据指标。

（1）读者和用户的需求。读者和用户是接受图书馆服务和实际利用图书馆的人。图书馆就是针对这些特定用户群的信息需求来发展自己的信息资源体系的。其一切活动都是以此为中心，紧紧抓住用户的信息需求，以满足用户的信息需求为图书馆的根本目的。由于图书馆在以此为目的的运转中形成了自己的文献资源特色，进而影响到图书馆的组织结构和服务方向，形成了不同类型的图书馆。

（2）图书馆的资金来源。我们知道，由于图书馆是具有公益性的社会组织，其本身创造的经济效益并不能满足自身的需求，也就是说，图书馆在经济上存在着一定的依附性，而每个图书馆的创建和发展都离不开金钱的支持作为基础。所以，不同资金来源的图书馆也能成为划分图书馆的依据。

（3）图书馆的管理体制。图书馆的管理体制其实指的就是在图书馆实际运转中由谁对图书馆进行整体控制，谁负责确定图书馆的服务对象、资金投入以及监督约束。

（4）图书馆的文献信息资源体系。图书馆在自身的发展过程中也会逐渐形成自己保藏特色的文献信息资源体系。这些文献体系具有一定的针对性，有些是针对不同的专业领域，有些是针对不同的用户，有些是针对不同的文献载体，有些是针对不同的语言或民族。在这些因素影响下会出现自然科学图书馆、数字图书馆、复合型图书馆、民族图书馆等。因此，文献信息资源体系的特点也会影响图书馆类型的划分。

二、图书馆的类型划分作用

（一）有助于科学地确定图书馆的工作目标

图书馆类型是社会分工日益向专门化方向发展，以满足不同人群的信息需求的产物。图书馆类型划分既是对自然形成的图书馆类型的肯定，又是对不同类型图书馆特点和发展规律的概括和总结。因此，正确划分图书馆的类型，对于一个图书馆的正确定位和实现长远发展目标，最大限度地满足用户的信息需求有着重要意义。

图书馆是为读者和用户服务的，满足他们的信息需求就是图书馆的根本目的，所以，图书馆工作目标的确定就是要明确图书馆的服务对象以及他们的需求。科学地划分图书馆的类型能解决这些问题，使具体的图书馆明确自己在整个图书馆系统或社会信息系统中的地位和分工。从这个角度出发，有必要对现有的图书馆类型重新作一番审视，以明确不同类型图书馆的职能、组织结构和内容。最终明确图书馆分工，明确具体图书馆的任务，进而确定图书馆的发展目标。

（二）有助于提高管理效率，加强图书馆之间的协作

自工业革命以来，分工和专业化的确定不仅提高了劳动生产者的生产熟练程度，而且节约了生产资料和人力资源。更为重要的是，这种分工和专业化的确定还促进了科学技术的进步，提高了管理效率。

从这个意义上讲，图书馆类型的划分也是整个图书馆系统的一种分工，这种分工不仅使图书馆工作变得更为专业化，而且起到了合理配置现有图书馆资源，提高图书馆服务能力和水平的作用。鉴于依靠单个图书馆自身力量很难满足读者和用户的所有信息需求，所以有必要有针对性地对图书馆进行类型划分，以针对不同需求的读者和用户群体发展图书馆的文献信息资源。而对政府来说，如果要保持社会信息系统的完整、统一，满足全社会的文献信息资源需求，就必须根据科学的划分标准合理地划分图书馆类型，根据图书馆的划分情况来决定图书馆的分布和图书馆资源的协作和共享。图书馆类型划分实际上是要将有限的社会信息资源发挥出最大的效用水平。

（三）有助于突出图书馆的服务重点

进行图书馆的类型划分不仅仅是对已经形成的图书馆类型的简单整合，而是在于帮助不同类型的图书馆进行分工协作，以便通过类型划分使不同类型的图书馆各司其职、各负其责，并对特定的用户提供专业化的高质量的服务。

不同类型的图书馆由于有着不同的特殊功能和服务对象，承担不同的任务，所以，它们才共同组成我们的文献信息资源系统。进行图书馆的类型划分就是要明确不同类型图书

馆的不同特点和它们的发展规律，明确这些图书馆在社会信息系统中的位置，进而为其资源配置、目标规划和服务方向提供相应的理论依据，以充分发挥各类型图书馆的作用。从以往图书馆的类型划分可以看出，原有图书馆类型划分仅仅是将现有的图书馆依据一定的标准分门别类地归入不同的系统，而在信息时代快速发展的今天，图书馆的类型划分应该着眼于对整个图书馆系统的整体规划和指导，以使之形成一个分工明确、互为补充、突出重点、优势互补的图书馆系统，从而涵盖和满足社会各个方面的信息需求。更有助于图书馆找准自己的正确位置，明确自己的职责和任务，并参照其他同类型图书馆的基本经验和规范来开展工作。因此，我们有必要对图书馆进行类型的划分，以便使之能正确定位并制定正确的发展方向。

三、图书馆类型划分的情况

现存的图书馆类型划分是图书馆历史发展的产物，是各个国家在各自图书馆的历史发展轨迹中结合本国的社会政治体制、文化传统和国家战略而形成的，由于所采用的标准不同，因此世界各国的图书馆类型划分也就各有特色。图书馆类型划分，如图1-4所示。

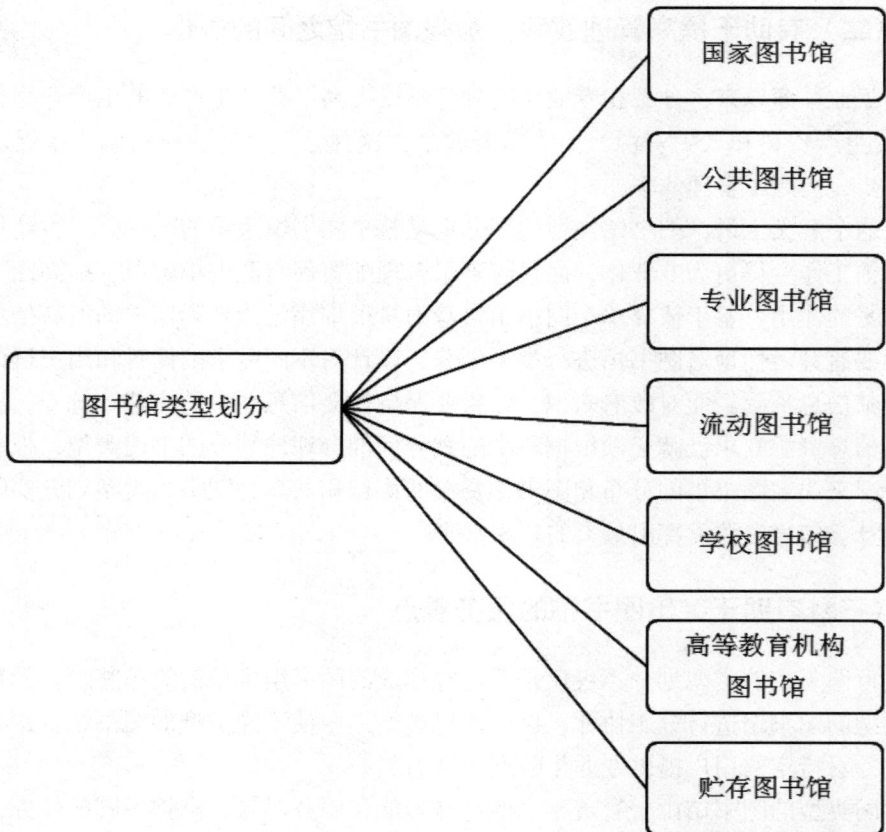

```
                                    ┌──────────┐
                                    │ 国家图书馆 │
                                    └──────────┘
                                    ┌──────────┐
                                    │ 公共图书馆 │
                                    └──────────┘
                                    ┌──────────┐
                                    │ 专业图书馆 │
                                    └──────────┘
      ┌──────────┐                  ┌──────────┐
      │ 图书馆类型划分 │──────────────│ 流动图书馆 │
      └──────────┘                  └──────────┘
                                    ┌──────────┐
                                    │ 学校图书馆 │
                                    └──────────┘
                                   ┌────────────┐
                                   │ 高等教育机构 │
                                   │   图书馆    │
                                   └────────────┘
                                    ┌──────────┐
                                    │ 贮存图书馆 │
                                    └──────────┘
```

图 1-4　图书馆类型划分

（一）国家图书馆

国家图书馆是负责所在国家获取和保存所有相关文献复本的图书馆，它是承担法定呈缴本功能的图书馆。我国的国家图书馆位于北京，其承担的主要职能包括：

（1）作为国家书目信息中心，编制国家书目和联合目录。中国国家图书馆履行全国书目中心职责，编辑出版国家书目、联合目录和馆藏目录。随着国家图书馆自动化系统的建立，各种书目数据库和各类专题数据库正在逐步兴建和完善。国家图书馆联合国内诸家图书馆完成的《中国国家书目回溯数据库（1949—1987）》，与国家图书馆编制发行的《中国国家图书数据库（1988 年至今)》构成一个规模最大、覆盖面最广的中国国家书目数据库。联合编目中心面向全国提供中文机读书目数据，是加工、制作、发行一体化的书目数据中心。目前，由国家图书馆主持编制了《中国国家书目》《民国时期总书目》和《中国古籍善本书目》等 30 余种书目，全面反映了国家图书馆馆藏的书本式目录体系。

（2）收藏并更新大量的、具有代表性的国外文献（包括研究该国的文献），从而建立一个拥有丰富外文馆藏的国家图书馆。

（3）指导其他图书馆的管理，促进合作。作为国家总书库，国家图书馆在图书馆管理标准化、规范化、数字化、网络化建设中起着骨干作用，是全国的书目中心、图书馆信息网络中心，其特殊的地位和职能在指导其他图书馆的管理和促进合作上发挥了极大的作用。

（4）加强国际交流。国家图书馆作为我国图书馆代表参加国际图书馆组织，执行国家对外文化协定中有关开展国际书刊交换和国际互借工作的规定；开展与国际图书馆界的合作与交流。

（5）协调研究与发展工作。为图书馆学的研究提供最新的信息资料，组织全国性的学术研究工作，推动我国图书馆学研究。

（二）公共图书馆

公共图书馆是一种起源较早的图书馆类型，是为某一地方或者地区的社区内所有人口提供服务的普通图书馆，常常由财政基金提供部分或者全部运行经费。

在我国，公共图书馆的发展还是在中华人民共和国成立后，现在，在全国范围有三千多所公共图书馆。我国的公共图书馆主要按行政区域划分，除国家图书馆外，有省、直辖市、自治区图书馆；地区、市、州、盟等行政区图书馆；县（区）图书馆，乡镇图书馆、街道图书馆等。这些公共图书馆的馆藏大多是综合性的，通常还建有地方文献的专藏。一些大中型公共图书馆常设有分馆。服务对象包括各种职业、各种年龄和各种文化程度的读者。主要承担着本地区科学研究和大众阅读的任务。

（三）专业图书馆

专业图书馆是服务于某一学科，特定的知识领域或者某一特殊地区利益的独立图书馆。包含众多具体类型的图书馆，有综合性的，也有专业性。具体主要有：政府图书馆，是为任何政府机构、部门、办事处服务的图书馆；健康服务图书馆和医学图书馆，是为医院或者其他地方（无论是私立还是公立）的健康服务专业人员提供服务的图书馆；专业学术机构和协会图书馆，是由专业或者行业协会、学术团体、工会和其他类似机构主办的图书馆，主要目的是为从事某一特定行业或专业的会员和从业者提供服务；工商业图书馆，是任何工业企业或者商业公司内部的图书馆，由其上级机构主办，以满足本单位职工的信息需要；传媒图书馆，是为包括报社、出版社、广播、电影和其他电视等媒体和出版机构及组织提供服务的图书馆；地区图书馆，是为某一特定地区服务的主要图书馆，主要功能不是公共图书馆、学校图书馆或者学术图书馆所履行的职能，也不是国家图书馆网络的一部分；其他专业图书馆，即无法归入上述类别的图书馆。

以上这些类型的图书馆除了配合本系统和单位的信息需求进行信息搜集、整理、保管和提供相应的服务外，还应积极开展深层次的信息研究和开发项目，力求不断向科研人员和领导部门提供其所需的最新的信息和发展趋势，从而不断使图书馆保持进步。

（四）流动图书馆

传统的流动图书馆，即巡回书库，定期或不定期地为馆外的读者送书上门或在交通不便的边远地区图书流动站，为当地读者提供图书借阅服务。

流动图书馆有时是公共图书馆的一部分，作为利用图书馆的另外一种方式，是利用交通工具并配备有设备而直接提供文献和服务的图书馆。其实流动图书馆只是图书馆的一种服务形式，它不需要读者或用户走入图书馆的固定场所，只需在自身所在地就可以接受服务，任何一种类型的图书馆都可以将其作为自己的一部分进行发展。

（五）学校图书馆

学校图书馆是指附属于高等教育水平以下的各类学校的图书馆，主要功能是为校内的学生和教师提供服务。学校图书馆是学校教育的重要组成部分，是青少年获取知识的重要途径之一，被誉为"学生的第二课堂"；同时也是教师进行教学教研的重要辅助部门，为其提供相关的参考资料和资源。中小学图书馆即全日制中小学校的图书馆，是企事业单位、政府、社会团体以及各类社会组织、个人依法开办的机构，是学校教育、教育科学、书刊资料信息中心、研究服务机构。

（六）高等教育机构图书馆

高等教育机构图书馆作为高等教育机构的文献资料信息中心，是隶属于高等学校职能机构中的教学辅助部门，主要职能是为大学或其他高等教育及高等教育水平以上的教育机构的学生、教师和科研人员提供服务。由于其服务的对象是拥有专业水平较高的群体，因此，高等教育机构图书馆虽然属于学校图书馆范畴，但由于其在性质、地位、馆藏特色、作用上区别于普通学校图书馆，所以将其单独作为一种类型的图书馆。

（1）高等教育机构的图书馆，是为本单位提供信息服务的学术性机构，其承担的工作是高等教育机构教学和科研工作的重要组成部分。因此，服务性和学术性是高等教育机构图书馆的基本性质。其中，服务性是指高等教育机构图书馆是以向在校大学生、教师和科研人员提供图书借阅、信息咨询等信息服务为主要工作的部门，而学术性则是指高等教育机构图书馆除了提供图书馆的基本服务外，还积极参加学校的科学研究项目、教学研究等专业性较强的研究工作。

（2）高等教育机构图书馆还承担着高等教育机构的教学任务。除了提供信息服务和参与学术研究外，高等教育机构图书馆的教学任务也是区别于其他类型图书馆的主要特点。这里的教学任务，除了信息检索方面的课程外，也包括配合学校要求，对学生进行政治思想教育，宣传党和国家的政策和法律，开展读者辅导，还包括为大学生提供工作实践基地。

（3）高等教育机构图书馆按馆藏情况可以分为综合性和专业性两种类型的图书馆，其中以综合性图书馆为主要的图书馆类型。高等教育机构图书馆在实现自己的馆藏资源时主要是以学校的专业设置和科研需求为采购对象，进而形成自己的馆藏特色，为学校的教育、科研工作提供帮助。

总之，高等教育机构图书馆是高等教育机构的文献信息中心，是教学、科研的信息保障，同时还是大学生的第二课堂。不过，当前的高等教育机构图书馆实行的都是封闭式的服务，即只对本单位学生、教师和科研人员服务，这使得馆内部分文献信息资源闲置，可以考虑在未来为普通大众提供一定的服务。

（七）贮存图书馆

贮存图书馆是用于收藏利用率相对较低的文献资源，或存储来自其他管理部门的文献资源的一种图书馆，借助贮存图书馆可有效解决图书馆收藏空间不足的问题，同时也可有效提高图书馆馆藏文献资源的利用率。

贮存图书馆的作用包括：①建立贮存图书馆可促进馆藏的"新陈代谢"，有效克服书库空间的不足；②贮存图书馆能够保存具有潜在价值的文献资料，可通过先进的保存技术（如制成缩微片）使其得以长年保存，供未来的研究人员利用；③建立贮存图书馆可促进馆际藏书的协调利用，使利用率较高的馆藏得到较好的、集中的、方便的利用；④建立贮存图书馆还有助于控制藏书量的迅速增长；⑤建立贮存图书馆可促进文献资源的充分开发与利用，使图书馆资源，特别是文献资源，从收集、贮存到最终形成体系，为各区域，甚至全国资源保护体制的形成奠定基础；⑥贮存图书馆接受并主动收集各馆剔除的书籍并加以有目的、有计划地选留，以求图书版本得以系统而完整地保存；⑦通过贮存图书馆可统一调拨、协调分配各图书馆剔除的藏书，使之发挥其应有的作用；⑧作为文献资源中心，贮存图书馆还可提供复制、保存和资料查询服务，编制各种联合目录、资料索引等。

第二章　现代图书馆读者分析工作

第一节　现代图书馆读者结构分析

一、读者的形成与类型

（一）读者的形成

读者作为社会历史的产物，是随着社会经济的进步和人类文明的发展而形成的。读者作为一种社会性的概念，主要是指具有文献需求的阅读能力，从事阅读活动的社会成员。在阅读活动中，读者是具有积极因素的主体，同时也是文献作用的客体与对象。读者分散存在于一切社会行业和社会阶层之中。任何社会成员都可以根据自己的需要开展阅读活动，都可以成为读者。从人类社会文明发展的过程来看，读者的形成需要一定的客观条件（即社会条件）和主观条件。

1. 读者形成的客观条件

（1）物质生活的丰富，是社会成员开展阅读活动的根本条件。开展阅读活动，是因为人们有了一定的文献需要，文献需要的发展直接源于社会的发展，而社会的发展本质上是物质生产的发展。随着社会物质生产的发展，人们生存的社会范围不断扩大，人的社会实践活动不断丰富，人的精神活动空间不断扩大，一方面，激发了人们众多的文献需要；另一方面，文献需要的对象即文献产品丰富了，从而使形成于社会实践中的文献需要不断发展，最终导致了文献阅读活动的不断发展。

（2）文献生产方式的社会化，是开展阅读活动的直接条件。文献生产是精神生产和物质生产的结合。在长期的社会实践活动中，人们积累了知识，并通过文献进行精神上的交流。因为文献记录了人类的社会知识，是以知识和思想为内核的载体。通过文献的社会化生产和传播，可以进行社会意识的交流，从而满足人们的精神需要。

自从有了文献的生产，在继天然材料载体的手工文献之后，又出现了造纸和印刷技术，人类的生活发生了惊人的变化，人们的精神交流打破了时间和空间的界限，人类文化和知识的传播更多地借助于文献，通过个人的阅读活动来进行。

随着社会科学技术的发展，文献生产方式发生了重大的变化，文献所容纳的内容越来越多，涉及的范围越来越广，其流通传播的领域越来越广泛，使人们得到的知识信息成倍增加，新的观念和思想在传播渠道中广为流传，人们借助文献获取知识和文化，交流学术与思想，了解社会与自身，促进工作，满足娱乐，改善生活，使社会的物质文明和精神文明得到极大的丰富。由此可见，文献生产的社会化，使人类社会精神交流的规模急剧扩大，效率急剧增强，因此是开展社会性阅读活动的直接条件。

（3）人们基本文化素质的提高，是使广大社会成员开展阅读活动的重要条件。文献是文化、科学知识的载体，它记载了千百年来人类丰硕的知识成果。人们通过阅读活动，继承前人遗留下来的文化成果，掌握社会生活所必需的知识、技能、行为方式、生活习惯以及社会的各种思想观念，进行自身的社会化改造，以适应社会发展的需要。尤其在现代社会，复杂的生产劳动，高、精、尖的技术设备，对劳动者素质和职业技能提出了越来越高的要求。因此，人们在社会化进程中，必须经常地、普遍地开展阅读活动，接受社会教育，学习社会知识，以提高自身的科学文化知识和思想修养。人们自身素质的提高，又促进了阅读活动的开展。

2. 读者形成的主观条件

（1）强烈的文献需求。读者阅读行为的开展是读者内部意识与外部现象相互作用的结果。在读者内部意识中，文献需求是最本质的、起主导作用的因素，它制约和影响着读者的其他内部意识活动，如认知、情感、意志、动机、兴趣、态度等心理过程的发生和进行，是决定读者行为的根本动力。只有具备了强烈的阅读愿望，才能使读者主动去寻求满足需求的文献和信息，开展阅读行为。因此，它是社会成员成为读者的首要条件。

（2）一定的阅读能力。一定的阅读能力是每个读者所具有的必要条件，也是任何一个社会成员成为读者的条件。由于文献是科学、文化、知识的载体，读者对文献的利用是一种精神交流的具体表现。对于任何一个能阅读的社会成员来讲，都必须具有一种接受科学文化知识、理解科学文化知识、吸收科学文化知识的共同能力，才能保证交流的顺利进行。这种能力就是阅读能力，它作为读者的根本属性，对读者行为具有本质性的意义。

（3）从事现实的阅读活动。社会成员成为读者的一个显著特征，就是他必须对某种文献实施了一定的阅读行为。因此，阅读行为是具有读者身份的社会成员与不具有读者身份的社会成员之间的根本区别标志。现实的读者总是具有一定阅读活动的人。阅读活动使人从一般社会个体成为读者，是读者的象征。

文献需求、阅读能力和阅读活动构成了"读者"这一特定概念的本质特征和特定内涵。读者是利用文献的主体，文献必须通过读者的阅读活动，才能体现其价值与使用价值；读者通过阅读活动获得知识、信息，从而实现人类文化的交流、继承与创新；读者在阅读活动中有自己特定的阅读心理活动，它既取决于读者的修养水平以及阅读动机、目的和条件，也受着各种社会环境条件的制约和束缚。

（二）读者的类型

"读者是图书馆生存的土壤和条件，是图书馆发展的直接动力。"[①] 读者的类型是图书馆读者结构中的基本构成因素。图书馆多种多样的读者群，形成了各种不同类型的读者，不同类型的读者具有各自不同的特征。这些特征形成了读者的社会经历与社会生活地位，体现了读者特定的文献需求和阅读行为。为了更深入地研究读者，掌握读者阅读需求规律，更好地满足各类读者需求，就要将结构复杂的读者队伍，按照某种标准进行区分和组织。由于读者阅读需求和阅读能力千差万别，其社会职业、文化程度各不相同，因此应采用不同的划分标准来区分读者类型。

1. 读者的类型划分依据

读者的类型是图书馆读者队伍的基本构成因素。我们在确定划分读者的类型标准时，必须遵循如下原则：

（1）选取对读者及其心理的变化最为密切的因素作为划分的依据。如在同一所大学里划分读者类型，应按照读者进校的年限来区分，因为不同年级的读者在阅读兴趣和阅读范围上有着很大的差别，所表现出来的心理承受力也不一样。

（2）划分读者的类型标准不宜过繁，因为读者是处在特定社会环境中的人，具有一定的复杂性，如果我们采用过多的标准来区分读者，必然会给自身的工作带来许多不利。因此，在确定划分依据时，应力求突出重点，足以说明问题即可。

（3）读者的划分依据要便于判断。否则将影响读者分析的准确性，并降低区分读者类型的作用。

一般来说，划分与组合读者类型的主要依据之一是读者的各种结构特征。许多读者类型就是依据读者自身的职业结构、年龄结构与文化知识结构划分组合而来的。如根据读者的职业结构，可以把读者划分为工人读者、农民读者、教师读者等；根据读者的知识结构，可以把读者划分为一般读者、专业读者等；按照读者的年龄结构，可以分为儿童读者、少年读者、青年读者、中年读者、老年读者等；根据读者的性别结构，可以分为男性读者和女性读者；根据读者的民族结构可以分为汉族读者、少数民族读者等。总之，划分读者类型应以读者自身结构特征能反映不同类型读者群的共性特点为基准。

划分与组合读者类型，不仅要根据读者的各种结构特征，还要根据读者在图书馆的活动方式进行区分。读者在图书馆的活动方式主要是指读者在图书馆的借阅权限和组织形式，也是划分与组合读者类型的主要依据之一。

按照读者在图书馆的借阅权限，可以划分为两种：①正式读者。正式读者享有经常、固定地使用某一特定的图书馆资源的权限。②临时读者。临时读者是指在图书馆没有办理借阅证件或建立借阅关系，偶尔利用图书馆资源的读者。正式读者和临时读者对图书馆资源享有不同的使用权限。

按照读者在图书馆的组织形式，可以分为三种：①个人读者。个人读者是图书馆的主

---

① 白伟.对发展和扩大读者队伍的几点思考[J].图书馆工作与研究，2002（05）：49.

要读者群，包括不同成分的个人读者类型。②集体读者。集体读者是以小组为单位利用图书馆资源的读者类型，小组内的读者个体具有共同的读者需要和阅读方式。③单位读者。单位读者是以固定机构为单位利用图书馆资源的读者，包括建立了馆际互借关系的图书馆和图书馆的分支机构。

2. 读者的具体类型及特点

（1）个人读者类型。个人读者是图书馆读者队伍的主要读者类型，是以个人为单位独立利用图书馆资源的社会成员。它通常又可以根据读者的结构特征划分为多种不同特点的个人读者。

1）少年儿童读者。少年儿童读者，也称为中小学生读者，是指6～15岁的少年儿童。由于他们具有较大的可塑性，因此，图书馆员要帮助少年儿童养成良好的学习习惯，启发他们获取广泛的知识，打好基础，增强智力，使其朝着有理想、有道德、有文化、守纪律的方向健康成长，这是国家和社会关注的重大问题。这一时期的少年儿童，在阅读活动中表现出共同的特点，如爱读书又爱活动；求知欲强而学习时间短；阅读内容广泛而又通俗浅显；有初步理解能力而以形象思维为主。

随着年龄的增长，在阅读活动中的自觉性、选择性和理解能力逐渐增强。对于少年儿童读者，图书馆应根据他们的各种特点提供思想性、趣味性、知识性、通俗性较强的文献信息和丰富多彩的文献服务，以启迪少年儿童读者的智力和想象力，树立正确的人生观和奋斗目标，培养读者爱科学、学科学的优良品质。图书馆作为社会的教育机构，在配合学校教育，开展课外阅读活动，用社会主义、共产主义思想占领阅读阵地，丰富和扩大少年儿童的科学文化知识等方面，责任重大。

2）大学生读者。大学生读者既是青年读者的一部分，又是学生读者的一部分，具有双重特征。作为青年读者，大学生在生理机制、心理机制上已经基本上完善成熟，世界观已经形成。在大学学习过程中，他们智力发展优良，生活独立性增强，思想活跃，抽象思维能力和观察认识能力显著提高，具有强烈的自我意识。作为学生读者，他们在学习内容、学习方法和学习能力等方面与中学生有很大区别。由于大学生接触的知识领域广泛而深入，并与即将从事的职业工作相联系，因此大学生读者的阅读活动通常要受到所学专业和未来职业工作需要的制约。为了成为合格的专门人才，成为德、智、体全面发展的大学毕业生，他们在大学生活阶段，系统学习政治理论、专业理论，以及综合性的科学文化知识，使自己具有较高的文化素质、合理的知识结构，由知识型向智能型、创造型、通用型方面发展。

作为图书馆读者队伍主要力量的大学生读者，在阅读活动中有着明显的特点。

第一，图书馆作为第二课堂，对大学生读者具有重要的地位和作用。他们除了在教室接受系统的知识之外，将更多的时间运用到利用图书馆丰富的资源之中，他们在书海中汲取知识的养料，在网络上驰骋信息的疆场。随着学习阶段的深入，其阅读的自觉性、选择性和专指性日益增强，阅读方法技能日益提高，对文献的利用程度也逐渐加深。

第二，大学生读者阅读广泛。大学生读者除了结合教学内容和专业性质进行系统阅读之外，还根据个人兴趣的发展，广泛涉猎大量的课外书籍，以提高自身的文化素养和工作能力、研究能力。因此，他们除了阅读专业文献外，还大量阅读各学科门类的文献，尤其是文学、哲学、历史、经济、艺术、法律、文化生活等方面的文献。

第三，大学生读者对文献内容有着明确的要求，阅读层次和水平较高。大学生读者通过对文献的内容质量、内容范围以及文献的外观设计等方面都有着较高的要求，对那些内容有深度、有特色，反映最新学术成就和有独到见解的文献，大学生读者情有独钟，爱不释手；反映新学科、边缘学科、交叉学科和科学方法论的文献，深受大学生读者的欢迎。

第四，注重外来文化的吸收。大学生读者普遍注重外语学习，对外国学术著作、文学作品、国际知识以及外国文化方面的文献十分感兴趣，是外文读物的积极阅读者。图书馆要针对大学生读者的各种阅读特点，提供必要的教学参考文献和大量精良的课外读物，为大学生读者创造良好的阅读环境和条件，吸引读者利用图书馆，并通过各种宣传、辅导、教育方式提高读者的阅读兴趣和阅读技能，使图书馆真正成为对大学生智力开发和人才培养的第二课堂。

3）科技读者。科技读者是指各行业、各阶层、各学科的科技工作者。科技读者是图书馆读者队伍中的主要读者类型和重点服务对象。由于科技读者是一个特殊的脑力劳动者阶层，他们分布广泛，分散在国民经济各部门，科学文化各系统，社会科学、自然科学、技术科学各个领域，从事着各种各样的工作。因此，不同系统、不同领域的科技读者文献需求各不相同，分别需要特定的文献类型和内容范围，来解决具体的研究课题和任务。在阅读活动中，科技工作者对文献内容和图书馆服务具有较高的要求，对文献内容的广度、深度和难度都远远超过了一般读者的水平，而且对文献的时效性也要求较高，通常需要最新的文献内容。

在图书馆资源的利用上，不仅需要原始文献的利用，更注重对二次文献和三次文献的查找和利用，更多地需要综合性的服务。因此，图书馆为科技读者服务，需要加强二次文献、三次文献的揭示与报道，开展咨询参考、文献检索等多种形式的主动服务，将图书馆的服务活动直接与科技读者的科研课题和任务结合起来，开展文献调研与服务，提倡参与式服务。为科技读者服务，其实质就是为科学研究服务，为生产技术服务，为经济建设服务。科技读者的文献需要，直接反映了社会主义现代化建设的当务之急和发展方向。因此，各类图书馆都要把科技读者作为重点服务对象，为科技读者提供各种利用图书馆资源的方便条件。

4）教师读者。教师读者是指在各级各类学校从事教学工作的社会成员。教师读者是各级各类学校图书馆的重点服务对象，也是各级公共图书馆的服务对象之一。教师不但教育学生掌握科学知识，而且自身也要不断学习、不断充实和更新知识。因此，教师在个人广泛收集必备的教学用书的基础上，也要充分利用图书馆丰富的文献资源，他们是图书馆的积极利用者。

由于各级各类学校的教学目的和教学任务不同，教师读者在利用图书馆资源的方式上存在着很大的差别。因此，在利用图书馆的方式上表现为以借阅有关教学参考资料、基础理论读物和思想文化修养方面的文献为主。而大学教师担负着教学与科研双重任务，对图书馆的利用比中小学教师读者要广泛、深入和经常。在阅读过程中，有着明确的阅读目的和集中的阅读范围，通常以专业文献和相关的二次文献为主。但是，不同专业、不同年龄层次和承担不同教学、科研任务的教师读者，在文献需求的内容与范围上各不相同，文献利用的深度与广度各不相同，图书馆资源的利用方式也各不相同。图书馆应深入调查和掌握教师读者的阅读需求特点，积极主动地、有针对性地为满足教师读者的需求，提供不同层次的文献服务。

5）公务员读者。公务员读者是指从事管理和决策工作的各级各类、各行各业党政领导、组织管理人员以及广大国家机关工作人员。由于各级党政公务员从事各种领导工作、组织管理工作和实际业务工作，他们需要考虑各种现实的或潜在的因素，作为制定政策、制定规划或实施管理时的参考。因此，公务员读者对文献的需求除了提高自身的科学文化知识以外，更需要战略性的综合动态信息，以及专业领域内的事实性资料。在图书馆服务上，我们应针对公务员读者的文献需求特点，开展针对性较强的服务工作，以提供全面系统的、综合性的，既聚焦十分强烈又具有全局观点的文献信息，满足公务员读者的特殊需求。

6）工人读者。工人读者是图书馆读者队伍中的主要读者类型，他们人数众多，层次多样，广泛分布在厂矿企业、商业财贸、交通运输、建筑、邮电、服务行业及其他第三产业部门，是各级公共图书馆和工会图书馆的主要服务对象。在工人读者队伍中，青年工人读者群是图书馆的积极利用者，是图书馆一般读者队伍的重点研究对象。在阅读活动中，对文献的需求上表现出追求社会时尚的倾向，对于反映社会某一现状、问题或某一热点的文献形成流行性的阅读现象。

在图书馆利用方式上，工人读者由于工作时间的限制，只能在业余时间利用图书馆资源。文化考核、专业技术职称的评定，社会对劳动者的智能和知识越来越高的要求，使工人读者越来越注重阅读文化补习和业务技术方面的文献，自学成才已成为工人读者群的努力方向和奋斗目标。因此，图书馆在为工人读者提供服务的过程中，应充分重视工人读者的各种文献需求和服务需求，加强阅读指导工作，向工人读者宣传好书，推荐好书，真正成为工人读者的良师益友。

7）农民读者。农民占中国人口的绝大多数，是图书馆最大的潜在读者。随着改革开放的不断深入，我国新一代的农民读者的信息意识普遍增强，在文献需求上，表现出娱乐性、通俗性、知识性、普及性的特点。他们需要广泛阅读通俗易懂的农业科学技术文献，用来寻求发家致富之路；同时，农民读者以阅读具有浓郁生活气息、通俗易懂的文艺作品，来丰富农村文化生活。图书馆要根据农民读者的需求特点，做好相应的读者服务工作。

8）居民读者。居民读者是街道图书馆和各基层公共图书馆的服务对象，其中包括从事个体、集体劳动的就业职工，退休、离休的老年居民以及各种闲散人员。

（2）集体读者。集体读者是指以一定的组织形式利用图书馆资源的读者。集体读者最突出一个特点就是具有共同的需要和阅读方式。他们或同在一个具体单位，从事同一种职业，或为同一工种、一年级，或进行同一个项目的研究，在一定期限内，集体借阅一定范围的文献。各类型图书馆都有不同形式的集体读者，如公共图书馆的读者小组、借书小组、自学小组等；高等学校图书馆的学生小组、教材编写小组等；科研单位图书馆的科学研究小组等。

（3）单位读者类型。单位读者是指以固定机构为单位利用图书馆资源的读者。单位读者通常包括三种类型：

1）图书馆固定服务的单位。如由各类型图书馆直接提供文献服务的生产单位、科研单位、教学单位及其他组织机构。

2）图书馆的分支机构。如公共图书馆的馆外流通站、图书馆的连锁分馆、高等学校的院系资料室、科研机构图书馆的分支部门等。

3）建立了馆际互借关系的图书馆。单位读者作为图书馆的团体用户，其实际上是一个文献信息传递的中转机构。它的基本职能就是充当文献传递的"二传手"。一方面，根据本单位读者的需求，向图书馆直接借阅或调阅文献；另一方面，又直接传递给读者使用。它是以单位的名义借阅图书的组织。

（4）临时读者类型。临时读者是指偶尔到图书馆进行借阅活动的编外读者。凡无本馆借阅证件，或无正式关系而临时利用图书馆资源的读者，均属于临时读者。临时读者包括任何个人读者、集体读者和单位读者。一般来说，任何社会成员都可以利用图书馆资源，都可以成为任何图书馆的临时读者。一个读者只能是一个图书馆的正式读者，但可以成为许多图书馆的临时读者。各类型图书馆都要尽可能向社会开放，吸引更多的临时读者。

二、读者结构的类型与特点

读者结构是指构成图书馆读者队伍内在联系的各种因素，构成读者队伍内在联系的各种社会因素主要有读者的职业结构、知识结构、民族结构等；构成读者队伍内在联系的各种自然因素主要有读者自身的年龄结构、性别结构、生理结构、地域结构等。研究读者结构有利于我们掌握读者队伍的现状及其发展变化趋势，为做好读书服务工作提供可靠的依据。一般来说，读者结构在不同程度上影响着读者群的排列组合，影响着读者对文献需求的程度和文献利用的深度、广度。同时，不同的读者结构还影响和制约着图书馆的藏书结构，两者之间相互适应、相互调整，共同完成图书馆系统的正常运行。

随着读者结构的发展变化，藏书结构要进行相应的调整；而当一定的藏书结构建立之后，对图书馆的读者结构也须进行相应的调整，否则会降低藏书的流通率，形成滞书、死书。总之，读者结构反映了图书馆的基本读者队伍，表明了图书馆的主要服务对象。它是读者服务工作研究的主要内容之一。

（一）读者结构的类型

读者结构是客观存在的，同时也是无形的。任何一个图书馆都有其与工作性质和任务相适宜的读者结构。读者结构的类型如图 2-1 所示。

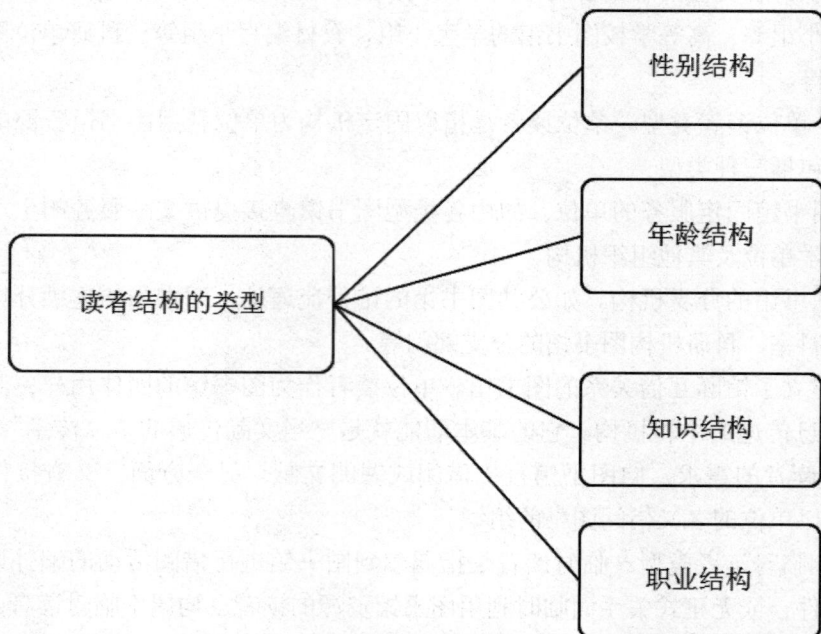

图 2-1 读者结构的类型

1. 性别结构

性别是人的自然属性。由于性别的差异，读者在阅读过程中表现出来的心理活动具有较大的差异。男性大都具有较强的竞争意识，善于进行抽象思维；女性富于感情，善于形象思维，更愿意寻求他人的帮助。这些心理活动特征深刻地影响着读者的图书馆活动，影响着读者对图书馆资源的利用。

此外，性别结构在阅读兴趣、阅读能力和阅读方式上，表现出较大的差别。在阅读兴趣上，男女读者对文献内容的选择上具有不同的指向；在阅读能力上，男女读者表现出不同的技能优势；在阅读方式上，男女读者则表现出不同的性格特征。

2. 年龄结构

年龄是人类的自然属性，年龄结构是整个社会读者智力构成的一个重要的亚结构，它是指图书馆读者队伍中各个年龄组的构成比例。其作用在于反映不同年龄阶段的读者，在接受文献和理解文献过程中的心理素质及智力状态，是读者智力构成的一个十分重要的方面。所以，读者的年龄结构可以直接影响读者利用图书馆的方式，影响读者接受文献内容的层次和水平。

3. 知识结构

知识，是指人们对客观事物、现象和过程的反映，是人们运用自己的智力和能力认识客观世界的结果。这种认识客观世界的智力和能力来源于人们的文化程度和科学范围。知识结构，是指读者在文献阅读过程中表现出的文化程度和科学范围的需求比例。它主要表现在读者的文化特征上，即具有一定教育程度和文化水平的读者对文献需求上所表现出的内容深度、阅读方式、阅读目的的层次级别。

知识结构的作用主要是能够反映读者文献信息的接受能力和利用方式。一般来说，具有不同知识水平的读者，在文献的阅读范围、内容深度上有着很大差别，对图书馆的利用方式及需求价值上也有着明显的不同。读者的知识结构直接影响着读者接受文献的信息量，同时也影响着读者阅读文献内容的深度和广度。在图书馆这个文献交流系统中，它又直接影响着图书馆藏书体系的构成比例。

4. 职业结构

职业是指通过社会分工，要求人们所从事的某种具体工作。它既是社会分工的需要，也是人们赖以谋生的手段。职业结构是指读者在文献阅读过程中所体现出的各种职业需求的比例。它主要表现在阅读中的职业需要、职业兴趣、职业爱好等特征上。这种职业结构的作用主要表现在它能反映出读者稳定而持久的阅读倾向。

读者的职业结构是广泛的，它不但可以构成各种社会职业的读者群，而且对社会职业的后备军的阅读倾向有着重要的影响。不同的职业结构，可以构成不同类型的读者群；稳定的职业结构，对读者的阅读活动起着决定性的作用，它将在较长的时间内限制和影响读者的阅读方向和阅读内容。

（二）读者结构的特点

（1）读者结构是一个具有内在联系的组织系统。读者结构是由一个个不同成分、不同类型、不同范围、不同数量、不同层次的读者群所构成的综合体。在这个综合体中，一定数量的读者个体构成了不同成分的读者群，并体现出具有共性特点的文献需求。而不同类型的读者群体又构成了整个读者结构的各个组成部分，并且相互联系形成一个有机的整体。

（2）读者结构是一个不断发展变化的系统。读者结构是一个相对稳定的组织系统，这种稳定性只能在特定的时间范围和特定的空间范围之内体现出来。但是，随着社会的发展和变化，读者需求也将发生变化。读者的需求变化，带来了读者行为上的变化，而读者行为的变化最终将导致图书馆读者结构发生变化。因此，读者结构又是一个动态结构，随着社会的变化，以及读者结构各组成要素或组成部分的变化，整个读者结构也会发生相应的变化。

（3）读者结构从整体上反映图书馆读者队伍的状况。读者结构反映了图书馆读者队伍的构成状况，各类型读者群的比例决定了文献利用的特点。任何一个图书馆的读者队伍，都是由特定范围、特定数量、特定类型、特定成分的读者群所构成，各级各类图书馆有不同的读者群，因而就有着不同特点的读者结构。相对而言，公共图书馆读者类型相对复杂，成分多样，数量众多，其读者队伍的构成状况比较复杂；专门图书馆的读者结构比较单纯，通常由对口专业的读者群所组成，体现出专业化的文献需求特点。高等学校图书馆的读者队伍结构具有层次性和系统性特点，介于中间状态。通过图书馆读者队伍的结构状态，就可以大体了解读者需求的整体特色。

读者结构最基本的构成要素是读者个体，它直接决定读者结构的状况。可以说，读者个体的数量决定了读者结构的大小，读者个体成分的复杂性决定了读者结构的复杂性。当一定数量的读者个体按其内在联系进行排列组合，就形成了具有某种共性特点的读者群。读者群是读者结构的基本单位，它反映了读者结构中各类读者的比重与特点，是读者结构构成状况的具体体现，是对松散、无序的读者个体进行分门别类的划分和组合的结果。它使各种各样的读者个体形成一个个具有共性的群体，从而形成具有某种内在联系的组织系统。由此看来，读者结构实际上是把一定范围内一定数量的读者个体分门别类地划分和组合成若干个读者群之后，再把各读者群有机的结合在一起。因此，它是一个人为的组织系统。

三、读者队伍的培养

（一）读者队伍的工作解读

（1）从图书馆事业的宏观角度出发，按照各类图书馆的性质和任务，将各种类型的读者群进行组合，使其成为具有一定内在联系的图书馆读者队伍。包括读者队伍的调整工作，确定图书馆各种类型读者的比例和数量，以及读者登记与借阅卡的发放等工作。其意义在于通过对读者的科学组织，掌握各种不同类型读者群的需求规律和心理特征，在提供一般服务的基础上，进行重点服务，从而最大限度地满足读者的需求。

（2）从图书馆具体工作的角度出发，成立和组建各种不同类型的读者个体参加的读者活动组织。各种读者的组织活动是为了创造良好的阅读环境和条件，提高读者的阅读能力和阅读水平，培养读者图书馆意识所展开的一系列组织活动。它是随着现代社会图书馆读者主体意识的崛起而发展起来的，是图书馆在不断提高服务质量的过程中所开拓的读者服务新领域和新途径。其意义在于图书馆读者也是一种资源，为了更好地面向社会、服务社会，图书馆不仅要充分发掘和利用各种图书馆资源进行社会性服务，还要充分发挥图书馆读者的智慧，组织读者参与图书馆事业的管理和活动，从而提高图书馆在社会中的地位，实现图书馆的各项社会职能。

根据图书馆的实际情况，确定不同类型、不同成分的重点读者；同时也要根据读者的实际需求情况，确定重点读者的组织条件。一般来说，图书馆的重点读者应包括利用图书馆资源进行系统学习和从事科学研究的读者。此类读者对图书馆资源的依赖程度比较高，并能经常利用图书馆资源，与图书馆保持密切联系，积极反映阅读需求和阅读效果，是图书馆服务的重点读者对象，应给予各种优惠服务。

（二）读者队伍的发展与转化

图书馆把潜在的读者转化为现实的读者，重视对广大社会成员的图书馆意识的教育和信息利用能力的教育，是充分发挥图书馆知识交流功能的一项十分重要的任务。加强图书馆的文献传递职能，扩大读者范围，增加信息用户的比重，促进知识信息的交流，为国民经济建设提供全方位的服务，是图书馆生命活力的体现，它标志着图书馆工作发展的更高层次。

1. 读者的形成和发展

读者的形成和发展与人们生活的社会环境有着密切的联系，因为社会环境既是促进人们求知欲望和滋长信息意识的土壤，又是决定人们对知识和文献需求程度的重要因素。社会、经济发展的趋向，市场调节和竞争的手段，企业经营的方式，科学研究的规模和能力，抉择系统的建设和抉择过程的科学化程度等，都是人们进行社会信息传递的根本条件；而社会科学技术的发展水平，社会教育的普及与提高程度，社会的文化和心理特征等，又是激发人们对文献需求、产生阅读行为的重要因素。

全民族文化水平的提高，高学历人员比例的增加，科学研究不断深入发展，国内外学术交流日益频繁，以及社会对精神文明建设的重视等，是进行社会信息传播与交流的有力保证。只有在这样的社会环境条件下，才能出现一支庞大的读者队伍和多样化的文献需求，才能促进图书馆文献交流功能的发挥。所以，社会环境是造就一支广泛的、活跃的读者队伍的重要因素，是决定社会文献传播和信息交流的规模、范围、开发程度、吸收能力的基础。因此，图书馆读者队伍的发展，必须从社会发展的整体意义出发，分析图书馆与社会之间的关系，在促进社会各方面发展的同时，求得自身的发展。

人们通常认为，图书馆读者队伍的发展，应该考虑三个方面的问题：

（1）各类型的图书馆的主要服务任务及其提供服务的可能条件。由于各种类型的图书馆具有不同的工作性质和服务任务，在发展读者、充分利用图书馆资源的过程中，就应该根据本身的工作性质和任务来确定发展的对象。在促进国家政治、经济、科技、文化、教育事业的发展，提高全民族科学文化水平方面起着重要作用。因此，图书馆读者队伍的发展，应充分体现其所有的特点，向整个社会提供服务，使每一个社会成员都能充分利用图书馆资源。图书馆还应改善文献传播与交流的方法与技术，变被动形式的服务为主动的、针对性强的服务，以积极有效的方式更多地参与到读者的社会实践活动之中，吸引广大的潜在读者利用图书馆资源。

此外，发展读者还应考虑图书馆的各种可能条件，具体来说包括：图书馆的馆藏条件——图书馆藏书的规模、藏书结构及其比重等；馆员条件——图书馆读者服务工作人员的数量、知识结构及其服务能力；馆舍条件——图书馆的空间容量与设备条件等，这些是满足读者需求、壮大读者队伍不可缺少的重要因素。

（2）各地区、各系统政治、经济、科技、文化、教育发展的实际需要。社会的文献需求是推动图书馆事业发展的强大动力，为社会的国民经济建设和科学技术服务，是图书馆现代生命力的具体表现。因此，发展读者必须根据社会发展的实际需要，以及各行各业、各阶层有文献需求的社会成员，都可以作为图书馆服务和读者发展的对象。只有这样，才能最大限度地发挥图书馆资源的社会作用。

（3）地区或系统图书馆事业发展状况及其图书馆的馆际分工与协调。图书馆事业的发展，直接影响到读者服务的范围和规模。由于图书馆事业是一个整体的社会事业，在满足整个社会文献需要的过程中，各类型图书馆都客观存在着一个相互联系和相互制约的内在机制。因此，图书馆读者队伍的发展，也应本着全面规划、统筹安排、分工协作、紧密联系的原则，在分工协作的基础上，最大限度地满足社会文献需求。

2. 潜在读者转化成图书馆的现实读者

潜在读者系相对于现实读者而言，是指那些具有阅读能力但暂时尚未利用图书馆资源的社会成员。图书馆发展读者的主要任务，就是将这些潜在读者转化为图书馆的现实读者。现实潜在读者向图书馆现实读者转化的一个非常关键的因素，就是将读者潜在的需求转化为现实的需求。

读者需求是使读者产生阅读行为最基本的动力，是一种心理状态，通常以个人愿望、意念的形式表现出来。它并不由个人意志所决定，而是由人与人、人与自然的关系以及其联结形成的社会环境所决定。社会不但产生着人类需求的对象，也产生着需求本身。由于读者自身的发展与社会环境的变化，因此导致了读者需求的不断发展变化。读者需求广泛地存在于读者的社会活动之中，有的可以被读者所感受和表达出来，这种被读者所表达出来的需求，在日常的读者服务工作中被称为现实需求，它直接导致了读者查找文献、阅读文献、利用文献的行为，通过一系列行为活动来满足这些现实需求。

未被读者所感受的需要或者感受到而未表达出来的需要，就是读者潜在需求，它是客观存在的需求，只是由于各种社会环境因素和自身主观因素的影响而未表现出来。图书馆要将潜在的需求转化为现实的需求，把潜在读者发展成为现实读者，要积极地创造条件，诱导和促进读者需求的转化。

（1）图书馆应积极地开展阅读指导活动，端正读者的人生态度和个人价值取向。要做到这一点，图书馆就应重视创造良好的阅读环境，给读者以健康文明的影响和熏陶，以正确的世界观和方法论对读者进行正面的教育和引导。因此，图书馆在进行政治思想导向教育的同时，还要加强人生观的价值导向，为读者推荐好书，宣传好书，让读者在阅读中潜移默化地接受正确的人生观，引导读者树立健康向上积极进取的人生态度和价值观。

（2）增强读者的图书馆意识。读者的图书馆意识直接影响着对图书馆资源的利用程度，而社会的图书馆意识又是决定图书馆生存和发展的重要因素。图书馆要树立主动服务的思想，把提高读者的图书馆意识作为一项经常性的工作来抓，并贯穿于图书馆工作的各

个方面和各个环节 、 层次 ，并引起全社会的重视和支持。同时，也要重视自身的宣传，让广大社会成员充分了解利用图书馆在其工作、学习和生活各方面的重要意义，借以激发读者阅读和利用图书馆的愿望，从而积极自觉地利用图书馆资源。

（3）提高读者对图书馆资源的利用能力。图书馆利用能力是一个综合能力，是成为图书馆读者的根本条件和保证，通常包括读者的阅读能力、查找文献的能力及利用文献的能力。其中，阅读能力是读者的基本能力。一般来说，潜在读者包括两类社会成员：①有阅读能力，但无利用图书馆的条件；②有特定的文献需求，有利用图书馆的条件，但无利用图书馆的能力。对于这两类社会成员，图书馆应该通过各种途径将他们组织起来，授以利用图书馆的知识。如开办图书馆知识讲座，介绍图书馆的馆藏情况、业务部门的设置、服务范围和服务内容，以及利用图书馆的方法，帮助读者获取阅读能力，巩固和提高利用图书馆资源的能力，为激发和满足读者潜在需求创造良好条件。

（4）扩大读者服务范围，改进读者服务工作的组织，提高服务质量，以良好的图书馆形象吸引和影响读者利用图书馆。图书馆资源的利用与否，在很大程度上还取决于图书馆读者服务工作开展的好坏和图书馆作用发挥的大小。图书馆工作开展得好，图书馆作用发挥得充分，可以取信于社会，吸引社会对图书馆的利用，扩大社会公众对图书馆的依赖程度，促进潜在读者向现实读者的转化。反之，则会制约社会对图书馆的利用，甚至危及图书馆的生存和发展。因此，搞好图书馆工作，充分发挥图书馆的社会职能，是形成和提高社会图书馆意识的关键，也是发挥读者作用、壮大图书馆读者队伍的重要因素。

（三）图书馆现实读者转化为积极读者

潜在读者转化为现实读者之后，需要加强读者培训，不断提高读者获取知识、信息和文献的能力，掌握利用图书馆的方法，开展丰富多彩的读者活动吸引读者，是巩固读者队伍的有效措施。

发展和巩固读者队伍的最高境界，是培养一大批读者积极分子。积极读者是指以读者身份直接参加图书馆服务和管理工作的社会成员。积极读者把被服务者与服务者统一在一起，把权利和义务统一在一起，从深层次上揭示了读者与图书馆系统的关系以及读者与社会的关系，体现了以读者为主体的现代图书馆学思想。

实现现实读者向积极读者的转化，具体步骤如下：

（1）对读者进行文献知识的教育，使读者了解和掌握图书馆文献资源的类型与特点以及使用方法和条件上的特殊要求，为读者充分利用不同载体形式的文献打下牢固的基础。

（2）对读者进行文献检索的教育，提高读者的文献检索能力。使读者能够通过各种检索工具，查找和选择所需要的文献。尤其是在现代图书馆中，大量的文献信息都记录和贮存在数据库中，如何通过计算机检索系统选择和确定文献，是图书馆资源利用的关键问题。因而辅导读者正确使用各种检索工具和检索系统，是巩固读者需求和利用图书馆的最基本的措施。

（3）帮助读者熟悉图书馆的业务工作和各项服务措施，使读者掌握图书馆学知识和方法，这是提高读者利用图书馆的自觉性和积极性的有效途径。尤其是在自动化和网络化的条件下，掌握有序化文献信息的知识和方法是十分重要的，它能使读者更加快捷、广泛、准确地选择文献，满足其需求。同时也为读者参与服务、参与管理打下基础，为现实读者转化成积极读者创造了条件。

总之，发展读者，培养一支积极读者队伍是依靠读者力量办馆的具体体现，其实质是促进图书馆事业的蓬勃发展。尤其是在市场经济条件下，读者发展工作更应该得到加强，它不但是发展社会主义经济的需要，更是加强社会主义精神文明建设，提高国民综合素质的迫切需要。

第二节　现代图书馆读者阅读心理

读者心理是指读者在图书馆这一特定环境下，通过对图书馆资源的利用活动而表现出的各种心理现象、心理特征及心理发展规律。

一、读者阅读心理的内涵及产生

读者的心理十分复杂，它包含了读者在图书馆活动中的阅读心理和检索心理。

（一）读者阅读心理的内涵

读者的阅读心理是指读者在阅读活动过程中表现出来的心理现象，它包括了阅读的认识活动和阅读的意向活动。"随着知识水平的不断提高，人们也开始追求新的价值观、人生观、世界观，读者的阅读心理也产生了一定的趋向。"[1] 阅读的认识活动是读者对文献载体上的文字、信息或符号感知的过程，包括感觉、知觉、表象、思维等一系列生理和心理的活动过程。读者经过这些过程吸收并理解文献中所包含的知识和信息。阅读的意向活动带有较多的个人心理色彩，它是受读者的先天特性和社会环境的影响而形成的读者个人的阅读需要、阅读动机、阅读兴趣、阅读能力等。阅读的意向活动是推动读者阅读的一种内部动力，它直接影响着读者的阅读倾向和阅读效果。

（二）读者阅读心理活动的产生因素

① 张白璐.读者阅读心理趋向初探[].新疆社科论坛，2018（05）：110.

　　读者心理活动的产生受多方面因素的影响和制约，但基本上是受到外部环境和自身需要两个因素的影响和制约。

　　（1）外部环境。读者所处的外部环境是其产生心理活动的基本条件，它可以影响、制约和作用于读者心理活动，并产生变化和发展。读者所处的时代和生活环境包括各种自然因素、社会因素，以及整个社会共同的道德规范和审美标准等。作为社会成员的读者，必须学习和掌握必要的文化知识，具备一定的工作能力。社会在不断进步，社会对读者的文化素质的要求也在不断提高所以，读者就必然要去阅读，获取知识，提高文化素质。当具备了较高的知识能力和工作能力时，才能在社会生活的某一领域找到自己的立足点，才能为社会做出贡献。读者的阅读心理活动明显受到社会生产发展和分配性质的制约，这是读者面临的客观现实。

　　（2）自身需要。自身需要是产生读者心理活动的内在因素，是读者心理活动发展的直接动力。我们看到，来图书馆的每一位读者所反映出的阅读态度和阅读愿望，都与其个人的心理活动以及个人的社会实践活动有着直接联系。读者为了实现自己的愿望、理想、追求，其基本方法和途径有着很大的相似性，那就是去学习，去探索，不断扩充知识、积累知识和掌握知识。这些目标，是激励读者进行阅读活动的强大动力。另外，每一位读者都会对自己的水平、能力和特长等方面有一个估计和评价，也会认识到自己的某些不足和长处。为了使心目中的自我形象向着完美标准的方向发展，就必然要去拓展知识充实自己。

　　总之，读者在外部环境的触发和自身需求的推动下，其阅读意识和行为就会主动、自觉地产生，这是激发读者参与阅读活动的重要因素。

二、读者阅读心理的类型

　　读者在阅读活动中表现出来的阅读心理是多种多样的，以读者的阅读目的为标准，读者心理可分为如下类型：

　　（1）欣赏心理型。读者在学习、工作和研究之余，总是希望调剂一下自己的精神生活，要进行轻松愉快的阅读。由于阅读书籍、报刊既是文化娱乐活动，又是一种积极的休息，还能获得知识、受到教育和启发，因此得到了人们的普遍重视和热爱。从欣赏的角度、层次和情趣来看，因人而异，各有特点。这种欣赏心理类型的读者，在对文献内容的需求上具有知识性、趣味性和广泛性等特点。

　　（2）求知心理型。求知心理类型的读者，以青少年读者和普通读者为主体，是各类型图书馆中最基本的读者。其中，又可分为直接的或主动的求知心理和间接的或被动的求知心理。直接主动的求知心理是由学习需求和学习过程的发展所引起的具有主动性特点的阅读行为，它表现为读者强烈的求知欲望和积极性；而后者则是由学习的结果所导致的阅读行为，这种阅读行为的被动性较强。

　　求知心理类型的读者由于正处在学习知识的阶段，必然有一个循序渐进的过程。所以，在知识的扩大和深化上，都是有计划、有步骤、分阶段地进行。因此，图书馆可根据其特点有针对性地提供合适的文献资料，使读者的求知心理得到满足。

（3）研究心理型。从事科学研究活动的广大科技人员是研究心理类型读者的主体。他们具有专业理论知识，有一定的学术水平和研究能力，担负着具体的科研任务，有强烈的责任感和紧迫感。他们的探究欲望极强，是图书馆科技文献的主要利用者，阅读也是集中在与自己的专业有关的文献上。图书馆应尽最大努力，为这些读者搜集、整理并迅速提供所需的文献资料，让他们掌握所研究课题的最新信息，跟踪科技发展的前沿动态，早出成果。

在读者各种各样的阅读心理类型中，求知心理型和欣赏心理型是具有读者阅读活动的普遍性和读者服务的共性特征的。而研究心理型在读者阅读活动中，是较为有针对性和带有个性的心理类型，它是在读者服务中值得重点研究和重点服务的对象。衡量一个图书馆的藏书质量，工作人员的素质水平，工作效率和服务的优劣，重点就是要看读者对这些服务的满足程度。我们研究读者的阅读心理类型，是为了进行读者的基本服务和重点服务做准备，也是读者服务工作的一个基本内容。

三、读者阅读心理活动的过程

心理活动过程，是指读者在阅读时产生的心理活动。读者的阅读活动，是以各种各样的心理活动为基础的。人的心理活动过程包括了认识过程、情感过程和意志过程。它们之间有一定的区别，同时又相互依赖和相互促进。

（一）读者阅读心理的认识过程

阅读，是人类获取知识的一种重要手段。读者的阅读心理活动，是从对文献的认识过程开始的。这一过程是对读者认识文献的个别属性加以联系和综合反映的过程。阅读的认识过程就是信息的加工过程，是对所接受的文献信息进行输入、检测、存贮、加工、输出和反馈的过程。在这个过程中，它要求调整人在阅读时的感知、注意、记忆、思维（抽象思维和形象思维）等心理活动因素，使之处于高度积极的紧张状态，来完成对信息的认识。

读者阅读心理的认识过程如图 2-2 所示。

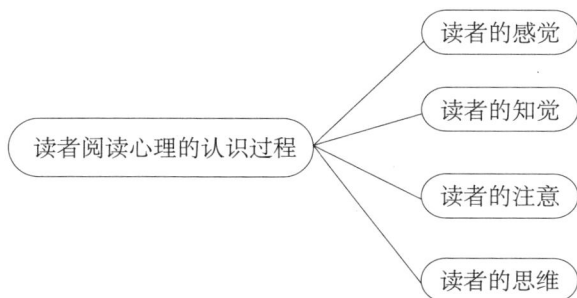

图 2-2 读者阅读心理的认识过程

1. 读者的感觉

感觉是人的大脑对客观事物的个别属性所做作出的直接反映。它是认识世界的感性阶段，是我们追求知识的最初源泉，也是人类心理活动的基础，是人的意识形成和发展的基本条件。感觉的生理基础是客观事物直接刺激于人的感觉器官的神经末梢，引起传导神经的冲动，再传递给大脑皮层的中枢神经，于是感觉便产生了。各感觉器官都分工执行不同的反映职能。

读者对文献信息的感觉，同样也应具备这两个条件，但由于各种原因，读者之间对文献信息的感受性差别很大。例如，文献相同，读者不同，就有可能会产生不同的反映，这是因为读者特定的文献需求、特定的心理素质、特定的环境和特定的职业因素所导致的。所以，读者的感觉是主观因素和客观因素相互作用的结果。就一般情况来看，读者对自己喜欢、符合需要的文献易于产生感觉。读者的感觉是阅读活动的开始。有了感觉，读者就会主动去了解文献的形式和内容，就会积极地进行认识活动。因此，读者的感觉对心理活动的认识过程有着极为重要的作用。

2. 读者的知觉

知觉是人的大脑对于直接作用于感觉器官的客观事物做出的整体反映。知觉是将各种具体的、特殊的感觉材料进行理解综合，并加以解释，然后组合成具有一定意义的对象。因此，知觉是在感觉的基础上形成的，是多种感觉相互联系和综合活动的结果。感觉是知觉的基础，知觉是感觉的继续。

读者对文献信息的知觉，通常要受到主观条件和客观因素的影响和制约。读者的知识和经验直接影响着知觉过程。知觉是现实刺激和已存贮的知识经验的相互作用的结果，是确定人们接受刺激的意义过程。

在知觉过程中，读者的知觉通常体现出以下特点：

（1）知觉的选择性。知的选择性具体表现在读者只挑选对自己有意义的文献作为知觉的对象。原因主要包括：①读者在获取信息时，由于时间和精力的限制不可能把外部环境所有的信息一个不落地输入大脑，因此在输入刺激的信息时不得不进行选择；②读者知觉的根本所在是因为有特定的需要、兴趣和爱好，人们总是选择对自己有意义和有价值的客观事物进行整体认识。因此，读者的知觉过程具有明显的选择性。

（2）知觉的理解性。知觉的理解性是通过人在知觉过程中的积极思维活动来实现的。任何知觉过程都是在以往的知识和经验的基础上达到理解，在理解的基础上实现知觉。因此，对文献的知觉，尤其需要借助已有的知识和经验，来确认文献的范围和用途，理解文献的内容与意义。

（3）知觉的整体性。知觉的整体性是指读者把具体的文献作为一个统一的整体来进行知觉。知觉的对象是一个复合刺激物，由多个部分组成，各个部分又具有不同的特征。读者在对文献进行知觉时，并不是把这些部分割裂开来，孤立地认识，而是将其作为一个整体来知觉。文献中的各种属性对形成读者知觉的整体性有着十分重要的作用，尤其是文献中各种属性之间的相互关系，在一定程度上决定了知觉整体性的效果。读者对文献的整体印象都是在理解的基础上建立的，知觉的理解性往往决定知觉的整体性。

（4）知觉的恒常性。知觉的恒常性是指知觉的条件在一定的范围内发生改变时，读者的知觉依然保持相对不变。具体表现为当文献的载体形式、形状及外部特征发生变化时，读者仍然会从文献的内容上去了解它的本质特征。因此，知觉恒常性的意义就在于它可以使读者适应外部环境的变化，从实际需要出发，充分吸收和合理利用文献的内容。

读者的知觉是在阅读活动的实践中产生、完善和精确的心理活动，对读者阅读的活动起到进一步深化的作用。它是感觉和思维之间的一个重要环节，是对感觉材料进行加工，为思维活动提供准备条件的过程。

3. 读者的注意

注意是指心理活动对一定对象的指向和集中，它是各种心理过程共有的特性。注意贯穿于整个心理活动过程中。读者的注意对于文献的选择和吸收有着重要意义。由于注意的作用，读者才能使感觉向知觉转化，进而使知觉分析向信息加工和贮存转化，并在此基础上进行深层次的思维活动。

注意可分为两种：①有意注意。有意注意是指自觉的，需要一定意志做出努力的注意，它服从于一定的工作和学习任务；②无意注意。无意注意是指一种没有自觉目的的，不需要任何努力的注意。注意是一种有选择性的行为，表现出读者心理活动的倾向性。通常有以下几种情况容易引起读者的注意：①能够满足读者某种需要的文献；②与读者某种特殊感情有关的文献；③符合读者阅读兴趣的文献；④与读者的知识经验有联系的文献；⑤读者处于良好的精神状态。

能够真正引起读者注意的事物大都与读者的主观状态有着某种密切的联系。因此，注意是决定读者整个认识过程的关键因素。为了有助于读者认知活动的发生和进行，图书馆应当采取各种方式和手段，引起读者注意，增强注意的效果。

4. 读者的思维

思维是人脑对客观事物间接的和概括的反映。它是在社会实践的基础上进行的。思维的工具是语言，人们借助语言把丰富的感性材料加以分析和综合，由此及彼，由表及里，去粗取精，去伪存真，从而揭示出事物的本质和规律。

读者的思维，是指读者对文献内容特征进行间接和概括的反映。它是读者对文献的心理认知过程。通过思维，读者能够发现和掌握文献内容的共同特征、本质属性以及文献所揭示的事物之间的内在联系和规律。思维活动的基本特点在于它是通过读者已有的知识经验或其他事物为媒介，来概括地反映文献的内容本质，以及间接地理解和把握那些没有感知过的或不可能感知的事物。其意义则在于通过思维活动来认识客观事物或现象，获得精神上的体验和满足，并学习和积累知识经验，从而达到解决现实问题的目的。

读者对文献内容的思维过程是一个复杂的心理过程，是对文献进行分析和综合的过程，是了解并掌握文献之间的内在联系和规律的过程。其目的和结果，是依靠人的思维能力，发现问题，把握问题，然后解决问题，并从中获得精神上的满足。

（二）读者阅读心理的情感过程

阅读情感，是读者在阅读文献时产生的心理体验。当阅读的文献符合读者需求时，读者就会采取积极、肯定的态度，产生热爱、满足、愉快等内心体验。阅读情感是读者心理活动的一种特殊反映形式，贯穿于阅读心理活动当中，它能激发读者阅读的热情，对读者阅读行为有积极的意义。

读者心理的情感过程是通过认知活动的"折射"而产生的。它通常受到以下因素的影响和制约：

（1）读者生理素质和心理素质的影响。读者的阅读情感受读者自身的生理和心理素质等主观因素的影响，表现出深刻、强烈的倾向性心理特征。如不同生理特点、不同心理倾向的读者，其心理状态就不同，因而导致了各自不同的情感状态。有的具有喜悦、愉快、积极的情绪色彩，有的则怀有忧愁、悲观和消极等情绪。因此，保持健康而热烈的阅读情感，对读者的阅读效果十分重要。

（2）文献外部特征和内容特征的影响。情绪和情感是人们认识客观事物所产生的一种态度的体验。它是一种心理活动的体现，并伴随着人们的认识过程而发展和变化。读者在阅读文献的过程中，一定会引起情感上的变化。只有当文献的外部特征和内部特征符合自己的需要时，才会产生阅读的冲动，体现出积极而且热烈的阅读情感；反之就会产生抵触、消极的阅读情感。另外，不能忽视的是社会环境的影响。不同的社会条件、社会历史环境以及读者的生活工作环境，都决定了读者对文献的需求状态，因而影响和制约着读者阅读情感的产生与发展。

（三）读者阅读心理的意志过程

意志是主动地确定目标，支配自己的行动，克服困难并实现预定目标的心理过程，是人类改造客观世界和主观世界，发展自身能力不可缺少的心理因素。

读者的心理意志过程，是指读者在图书馆活动中表现出来的有明确目的、自觉主动的行动，努力克服各种困难，最终实现利用文献目的的心理活动过程。

当读者具有一个清晰的阅读目标时，这个目标激起了强烈的阅读欲望、动机、兴趣，这些心理因素又调动起读者的视觉、思维、行动等一切内在潜力，从而进入集中全力阅读及思索的过程中，而忘却其他与阅读无关的事情。这就是在意志的主导下产生的有明确目的和较强自觉性的行为，体现了读者心理活动的自觉能动性。

意志过程与读者的认知过程、情感过程存在着密切的联系。读者的意志活动是建立在对文献信息的感知、注意、记忆、想象、思维等心理过程的基础之上。只有当读者充分认识到文献的价值时，才有可能选择各种方式、方法和途径，利用文献内容，实现意志所指向的阅读目的。同时，读者的意志又反过来促进认知活动的深入和拓展，促进阅读活动更加具有目的性和意向性。读者的阅读情感影响着读者的意志过程；意志过程又对读者的心理状态和外部动作产生调节作用。

总之，读者心理活动的认识过程、情感过程和意志过程是读者阅读心理过程当中统一的、密切联系着的三个方面。一方面，意志过程依赖于认识过程，但又促进认识过程的发展和变化；另一方面，情感过程影响着意志过程，而意志过程又能调节情感过程的发展和变化。三者相互渗透和联系，共同作用于读者的阅读活动之中。

第三节　现代图书馆读者需求分析

读者需求是指读者对适用图书文献的寻求过程。它以读者的阅读目的为出发点，以其适用文献的取得为结果。此过程体现了读者与文献之间的关系，属于阅读行为的前期活动。取得适用图书文献的过程就是满足读者需求的过程。

读者需求是以自身的某一种具体需要为起点，并体现在阅读内容、阅读行为和阅读效果之中。其表现是阅读内容依照需要进行选择，阅读行为按照需要加以控制和调节，阅读效果针对需要做出评价，阅读活动满足需要继而更加深化。读者需求不仅是个人的某种需求，也是社会需求的表现。因此，不断变化、复杂多样的特点贯穿于读者需求的始终。所以图书馆工作应对此给予以极大的关注和满足。

一、读者需求的意义

（1）读者需求促进图书馆发展。读者需求的更新变化，促使图书馆内部机构、服务方式等相应变革。随着科学技术的飞速发展，图书文献的大量增加，社会的发展需求又赋予了图书馆参与情报传递的社会职能。而现代化的电子计算机、缩微技术、视听技术的应用则是更好地满足这一需求而在服务方式上的变革。在信息时代，读者需求又出现新的变化，使传统手工式服务的图书馆逐渐向现代化网络图书馆、虚拟图书馆转变。

（2）最大限度地满足读者需求是图书馆工作的核心。图书馆的内部机构设置、藏书的最佳布局、藏书体系的形成、读者服务方式的确立等都是围绕读者需求这一目的展开的。例如，图书馆的文献服务、情报服务、技术服务等，其存在的目的就是为了满足读者对书刊文献的借阅需求、情报信息需求和特种技术需求。

（3）研究读者需求规律是有效地针对服务、区分服务的前提。掌握各类读者需求的特点就能最大限度地避免工作中的盲目性，有针对性地采取相应的服务方式，从而提高服务效率，达到好的服务效果。区分各类读者需求的主次，分清哪些应该重点服务、哪些应该急须服务、哪些应该一般服务，是化解矛盾的一个重要途径。

（4）对读者需求的满足程度是衡量图书馆工作效率的重要指标。图书馆对读者需求的满足程度如何，不仅说明图书馆的服务工作是否有效，也说明图书馆的藏书结构是否与读者需求相符合。因为有效的服务要以合理的藏书结构为基础。它既涉及图书馆各服务部门的服务流程，也与图书馆领导部门的决策有关。

二、读者阅读需求的类型划分

读者在阅读活动中表现出来的兴趣和需求是多种多样的。从不同的角度和标准出发，会看到各不相同的读者需求类型。各种类型的图书馆要根据各自的性质、规模和任务，认真分析读者需求的类型和特点，以便更好地为读者提供服务。读者阅读需求的类型划分，如图 2-3 所示。

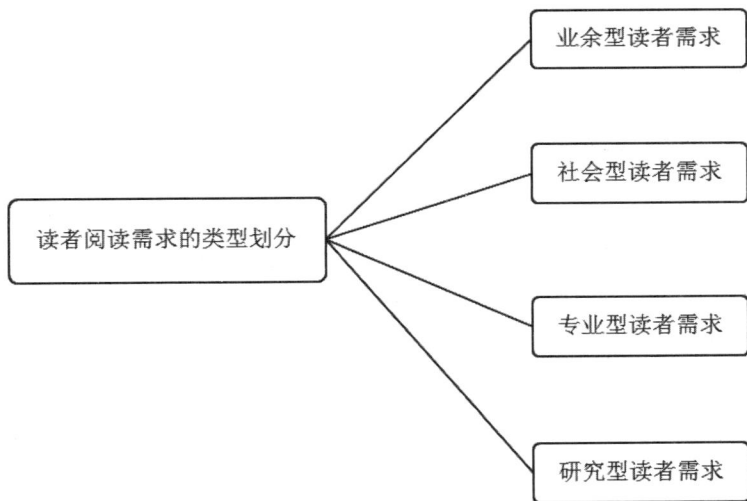

图 2-3 读者阅读需求的类型划分

（一）业余型读者需求

业余型读者需求是指有许多读者在工作、学习之余，从个人的兴趣和爱好出发，自发地产生的一种阅读需求。业余型需求与读者的工作和学习一般没有直接联系，它受自己个性心理因素的影响比较明显，反映了个人的爱好倾向及心理特征。

业余型读者需求是最为常见的读者需求，几乎所有读者都有这种阅读需求。因此，图书馆要善于发现和引导读者健康的业余需求，培养读者对科学技术、文学艺术的浓厚兴趣，陶冶情操，开阔视野，使读者的阅读活动得以健康、有效地实现。

（二）社会型读者需求

社会型读者需求，是大家都在阅读类型相近的书刊文献。它明显地展示出时代特征和发展潮流的需要，此类读者需求不是个别现象和主观因素造成的，而是社会需求和客观发展的趋势所迫。

读者的阅读需求从一个方面反映了社会政治、经济和文化状况，具有时代发展的特点。社会的政治、经济、文化诸因素会给读者阅读需求不断施加影响，甚至在阅读文献的版本、内容，需求的强弱程度以及趋势等方面都会起着巨大的作用。这种社会型的读者需求呈现出的突出特点，就是读者在一个阶段对文献需求的数量较大，读者阅读的时间相对集中，使得某些文献数量暂时紧张，成为众多读者的阅读中心。

随着时间的推移，社会潮流的变化，社会型读者需求也会随之发生转变，有的会从短暂的阅读需求变为持久的阅读需求，有的会发生转移，形成新的阅读需求。面对这种社会型读者需求，图书馆工作者要用敏锐的观察力和科学的态度认真对待，要经常关心国内外发生的大事和社会发展的趋势，同时要分析这种读者需求的性质、规模、强度以及时间的长短，掌握读者需求的发展方向，使读者的长久需要与现实需求充分结合在一起。与此同时，应做好图书馆藏书的调配工作，加强图书的宣传，促进图书的流通，满足大量的社会型读者的阅读需求。

（三）专业型读者需求

专业型读者需求是指从事学习、工作、研究等专业活动的读者所提出的文献需求。这种阅读需求经常与读者自身的业务工作、专业学习和研究活动紧密联系。研究活动的开展确定了专业需求的范围、内容和要点。一旦满足了专业读者的需求，则使得读者在专业知识技能和解决具体问题的能力上有所提高，又会推动专业实践活动的进一步深入发展。

由于专业型读者需求与其从事的专业实践在内容、目的、范围、时间上有一致性，因而体现出明显的职业特征，这种需求是为了解决面临的实际工作任务和难点，表现为具体的实际问题。其需求的特点是专业性、资料性、咨询性。他们的阅读目的明确，干哪种工作，就阅读哪类文献，以求提高自己的专业知识和专业技能。因此，在阅读活动中，各种行业、职业、工种的读者，按照自身业务要求，其阅读需求和阅读倾向比较固定，对文献内容的要求具有针对性。研究专业型读者需求的共性和个性特点，有利于更具针对性地做好读者服务工作。

（四）研究型读者需求

研究型读者需求是指为了解决某一研究课题，完成所担负的具体研究任务而产生的阅读需求。具有研究型需求的读者往往是围绕研究内容组织和开展阅读活动，以便了解课题的研究动向，掌握课题的研究水平。因此，这种读者需求所涉及的阅读范围具有长期的指向性和专业性，体现出较强任务规定性的特点。

研究型读者需求是将阅读活动与创造性活动紧密结合的阅读需求。在有着较高文化素质和研究能力的知识分子读者群中，这种阅读需求比较普遍。研究型读者需求对文献有着一定的要求，其特点是具有全面系统、准确具体、新颖及时和针对性强等。但由于这些读者在能力上存在差别，导致读者在文献利用上有所不同。因此，对于研究型读者的需求，图书馆工作人员要采取不同的方式，不懈地搜集、加工、整理和提供有关文献，为读者提供重点服务，不断满足这类读者的研究需要。

总之，社会型读者需求和业余型读者需求，具有较广泛的社会性和读者服务的共性特征。而专业型和研究型读者需求，则具有读者需求的个性特征，这也是我们在读者服务中的工作重点。衡量一个图书馆的工作、文献收藏质量、工作人员素质水平、工作效率和服务能力的高低，就看它对重点课题、重点项目、重点读者的专业型和研究型读者需求的满足程度、服务速度和服务效果的层次好坏。我们研究和掌握了读者需求的主要特征，就可以对读者进行充分服务和区分服务。

三、读者需求在高校与科研图书馆中的特点

（一）读者需求在高校图书馆中的特点

1. 大学生读者需求的特点

大学生读者是高校图书馆中最为主要的读者群体，分析他们的需求特点，满足他们的阅读需求，是高校图书馆读者工作的重要任务。

大学生读者对文献需求有如下特点：

（1）对教学用书的需求有稳定性、集中性和阶段性的特点。由于专业的设置和教学计划的安排以及课程开设、教学内容体系等限制规定了教学用书的基本范畴，使得教学用书在大学生读者当中具有相当的稳定性。教学用书的集中性表现为使用的种类和复本集中、读者数量集中和利用时间集中。在大学教学过程的各个阶段，教学用书呈现出周期性循环往复的使用状态，有较强的阶段性规律特征。

（2）阅读活动与所学专业和将来的职业工作相联系。大学生读者的阅读兴趣、阅读目的等在很大程度上受到未来工作需要的指导和影响。因而，他们比较倾向于专业文献的，以及与专业相关的一些学科文献的阅读，渴望获得更多的专业知识。

（3）大学生读者思想活跃，对新鲜事物和精神文化生活有较高的兴趣，他们的阅读需求高于其他读者。除结合教学内容阅读文献之外，大学生读者根据个人爱好，还会阅读许多的课外读物，涉及面非常广泛，不仅阅读专业书籍、教材和教学参考书，还会有选择地阅读文学艺术、哲学法律、体育文化等方面的书籍。无论是社会环境还是个人主观愿

望，都在激励大学生读者多学知识多读书，从中寻找他们需要的内容，以充实他们的生活，提高自己的文化素质、学习能力、研究能力。因此，他们的阅读热情、态度、目的都表现出强烈的求知欲望。

针对大学生读者的阅读需求特点，图书馆应科学地安排教学用书的借阅工作，充分利用图书馆馆藏的文献资源，为大学生读者提供满意的服务。

2. 教师读者需求的特点

高等学校图书馆中的教师读者是重点服务对象，这是由于他们在高校所承担的任务决定的。教师读者从年龄结构上，可以分为年长、中年、青年教师三个层次。他们在利用图书馆的过程当中，表现出的文献需求特点也有不同。

（1）年长教师多年从事高校的教学和科研工作，他们有丰富的经验，是学校里教学科研的主导力量。年长教师经过多年积累，个人的专业藏书比较丰富，他们对图书馆文献资料的利用，主要是查找一些有关的最新研究动态、外文资料及历史文献等。对于这些年长教师所需的文献资料，图书馆的工作人员有义务协助查找，以便他们将宝贵的时间用于科学研究和人才的培养上。

（2）中年教师年富力强，处于教学和科研的第一线，是高校当中教学科研的骨干力量。他们有扎实的专业知识，有丰富的教学经验和较高的学术水平。面对繁重的教学科研任务、频繁的学术活动以及自身需要的知识更新与学习提高的压力，往往需要查阅大量的文献资料。他们在文献的选择上，通常是利用图书馆的目录和各种检索工具查找文献，并习惯于自己查找，但也希望图书馆工作人员帮助查找。他们对文献资料的内容范围主要集中在与本学科和专业有关的书刊文献。他们还希望工作人员提供更高层次的二次文献和三次文献，以便了解国内外的学术动态。

（3）青年教师思想活跃、精力充沛，是高等学校教学和科研工作的新生力量。他们走上教学岗位不久，大多数担任教学辅导工作，同时也在不断积累和提高自己的基础知识、专业素质、教学经验的能力。他们学习勤奋，工作热情高，对利用图书馆有很高的积极性。具有来图书馆的次数频繁且时间上较多，涉及文献的内容广泛且借阅量大等特点，图书馆工作人员应针对青年教师的阅读需求特点，以多种形式的服务，满足读者的需求。

（二）读者需求在科研与专业图书馆中的特点

科研与专业图书馆主要指科研院所与专业机构图书馆，包括：科学院及其分院图书馆，政府部门、各部所属研究机构的专业图书馆，机关团体图书馆（室）等。它们的服务对象大多是科研人员与工程技术人员。这类图书馆的读者比较固定，文化水平高，专业能力强，这些读者的文献需求首选在专业图书馆里查阅。

1. 科研人员文献的选择特点

（1）文献需求具有全面性。科学研究工作既是个人的创造性劳动，同时也要继承、借鉴前人的科学研究成果。因此，科研人员一定会去了解这个领域内的发展状况以及国内外的研究趋势，这样就需要掌握大量信息、文献资料，以便充分做好科学创造的前期劳动，从而全面正确地认识和反映客观事物，确立自己的研究方向，促进科学研究工作的顺利展开。

（2）文献需求具有系统性。科学研究项目确定以后，就文献需求的内容来讲，既需要与研究课题有密切关系的专业文献资料，也需要借鉴相关学科的文献。这是由于学科专业的细化、边缘学科的不断出现，各学科之间交叉渗透，向综合化发展的趋势所决定的。在文献的时限上，需要利用最新、最近的文献，同时要求内容新、时间短、使用价值高的文献。对于一些以前的具有参考价值的文献，也会系统地查阅。以求全面系统地分析问题，促进科学研究课题的顺利进行。

（3）文献需求具有阶段性。根据研究课题的进展，利用文献资料呈现明显的阶段性。一般可以分为选题阶段、调研阶段、总结或撰写论文或进行具体设计的阶段以及评审阶段等。各个阶段对文献资料的利用都有不同的要求。

2. 工程技术人员文献需求的特点

需求文献资料具有主要表现为需求文献资料具有新颖性、专业性、可靠性、适用性、系统性、及时性和针对性等特点，他们经常查阅许多学科和技术领域的文献资料，这是由于工程技术人员在创造具体产品时，需要全面掌握产品设计、制造、原材料、能源、环境和法律等方面的知识所决定的。他们会需要有关新产品、新技术、新工艺、新理论、新发明、新方法、新思想方面的文献资料。他们往往需要图书馆与之配合，提供定题信息服务，希望提供的文献资料快速及时、适用具体。这是因为在新产品的研制过程中，要考虑竞争的因素和市场的因素。产品的发明创新完成得越提前，就越有可能获得更多的效益。

四、读者需求的趋势与评价

随着我国经济的快速发展，社会生活的各个方面也在发生着巨大的变化，图书馆的读者需求也会产生相应的改变，不仅读者的数量迅速增加，读者的信息意识也逐渐增强；需求向获取信息量的方向变化等改变。在改革开放的大环境下，随着社会经济的不断发展，有许多潜在的读者转化成为图书馆的现实读者。使得各级图书馆读者人数增加，信息需求量增长，需求的范围更趋广泛。

读者需求由传统的二三次文献信息需求，向前沿信息与研究进程中的信息需求相结合的方向发展，以实现由低层次读者需求向高层次读者需求发展；读者需求由以学科信息需求为主，逐步转向技术经济信息需求。由于价值观念的转变，人们普遍认识到信息是潜在生产力。读者对技术经济信息的研究、开发与应用，技术的引进、吸收与创新，市场预测与推广前景的需求量呈上升趋势。

读者需求的多学科、多样化要求日益明显。自实行对外开放政策以来，我国与世界各国的交往日益频繁，大量的信息互相交流，使得读者的眼界射向各种观点、各种题材、各种风格及各种流派的著作。读者需求的范围之大，兴趣之广泛超过以往许多倍。

读者对文献信息获取的手段由以手工为主向自动化网络化为主的方向转化。需求的全面性、系统性不断提高。国内产、学、研各个系统之间的需求迅猛加强。随着科学技术的不断发展，国际全方位的文献需求增加，表现出跨时空的信息需求。

总之，读者的阅读需求是会随着社会生产的发展和生活条件的变化而不断得到满足与变化，它们不是固定的、静止的，读者最初的阅读需求得到满足后，又会产生新的更高要求的需求，这是一种客观发展的趋势。

第三章　现代图书馆读者教育工作

第一节　现代图书馆读者教育概述

一、读者教育的意义

读者教育是一项普及性、实用性的综合能力教育，是图书馆开发利用文献资源和实现其教育职能而开展的一项重要工作。读者教育主要是在高校图书馆进行的，教育的对象绝大部分是大学生和研究生。

为了更有效地为读者服务，图书馆必须开展读者教育，这是图书馆的一项重要任务。随着图书馆读者工作的深化，各类型、各级次图书馆的领导和读者工作者深刻地认识到，要想更好地实现图书馆工作的社会价值，不但要做好文献流通服务工作，而且要努力做好读者用户利用图书馆的技术能力的培训、教育工作，读者教育的内容与方法随社会的变革和读者需求的不同而变化。

（1）读者教育可以使更多的潜在读者成为当前读者。如果图书馆扩大视野，读者教育就不仅局限于当前的读者。读者教育有助于将社会中潜在的读者变为图书馆的当前读者。而潜在读者转变成当前读者，是图书馆利用率提高的最快捷、最有效的途径。只有激起更多社会大众的读书热情，向他们宣传图书馆，使更多的人成为图书馆的读者，图书馆事业才能进入良性循环。读者多，证明社会对图书馆的需求旺盛，政府和公众才会支持图书馆，图书馆才会越办越红火，图书馆事业才会更加兴旺发达。

（2）读者教育有利于读者与图书馆之间的沟通。读者对图书馆的了解越多，利用越主动，阅读兴趣越广泛，文献需求越多样，反过来会促进图书馆服务方式的多样化、服务领域的拓展、服务效益的提高。建立在读者与图书馆相互沟通基础上的读者工作必将会焕发出勃勃生机。

（3）读者教育有助于文献信息资源的开发利用。图书馆的图书在提供给读者使用的过程中，向读者提供一次文献（如借、还），是图书馆的主要工作之一。图书馆对馆藏文献的深度开发，如开展专题服务，编制文摘、索引，撰写综述、评论提供给读者，在现代信息社会更能凸显图书馆的价值。而这一工作的开展，同样需要读者工作作为媒介。通过读者教育可以让读者充分了解图书馆所具有的功能、服务项目，图书馆这座信息的宝库一定会得到社会大众更充分的利用。

二、读者教育的原则

为了做好读者的教育工作，使读者教育活动取得良好的效果，我们在开展读者教育的过程中应该遵守的原则，如图 3-1 所示。

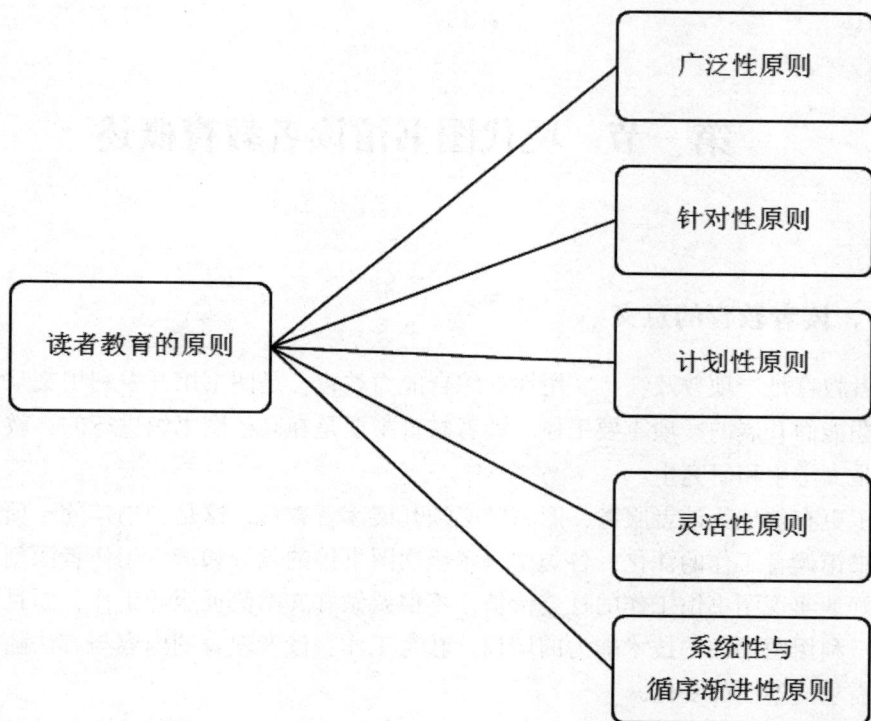

图 3-1 读者教育的原则

（一）广泛性原则

图书馆等文献信息部门作为一种社会教育机构，具有明显的社会教育职能。它的教育职能的发挥在于提高全民族的素质水平。因此，图书馆等文献信息部门开展读者用户的教育，其范围应该是全体公民。在具体开展读者教育活动时，不但要对现实的读者进行教育，还应加强对潜在读者的教育，使他们早日成为图书馆的正式读者。

（二）针对性原则

图书馆等文献信息部门进行读者教育的对象是具体的读者和用户，而读者和用户的差异是错综复杂的。受年龄、性别、文化教育水平、职业、工作经验、情报行为等个人因素的影响，读者对文献信息的利用能力和利用效果都会有明显的差别。

读者教育的内容以及方式、方法，不仅会受到一定时期内科技发展水平的制约，同时也受到读者个人素质的影响。在具体开展读者教育活动时，除了考虑当前的经济条件和图书馆等文献信息部门的承受能力外，还要根据读者的个人素质，对读者进行必要的分类，并按照不同类型读者的基本需求确定教育内容和组织教育活动，力求有的放矢，取得最好的教育效果。

（三）计划性原则

读者教育是一项长期的教育过程，应该按照国家、地区、图书馆的实际需要和具体情况，根据不同读者、用户的实际需求，制订出相应的长期规划和短期计划，并且应该认真按照目标，有计划、有步骤地组织开展工作，并根据工作效果及时反馈，调整工作措施和手段，以提高读者教育工作的效率。

（四）灵活性原则

读者教育的方式、方法多种多样，如个别辅导、集中培训、参观、资料辅导等。究竟是采用何种教育方式最有效，还应取决于读者的数量、文化程度、个人素质，以及读者接受图书馆等文献信息部门教育的方便程度等诸多因素。在具体实施时，有时可以采用一种方式，有时也可以采用多种方式的组合运用。总之，要灵活运用各种方法，以进一步强化教育效果。

（五）系统性与循序渐进性原则

系统性是由科学本身的特点所决定的，任何科学知识都具有一定的逻辑性。系统性与循序渐进性原则反映了科学的整体性及其逻辑体系，以及人类认识活动规律的辩证统一关系。因此，在安排读者教育的内容时，应以相应的学科体系为基础，使读者获得系统的知识与技能。在采用具体的教学方式时，则要考虑循序渐进的要求，应由浅及深，由易到难，从而使读者所得到的知识不断深化。

三、读者教育的时机、方式与实施

（一）读者教育的时机

开设图书馆的导向和授课，应在读者感到有需要到图书馆去的时候。在读者产生需求知识动机的时候提供读者教育，才能收到最佳效果。高校图书馆和中小学图书馆的导向教育的最好时机是在学年开始之时，那时所有可利用的设施正在向学生进行介绍。当学生正从事一项非图书馆的项目或课程，而又需要查找文献时，开设情报检索课成功的可能性最大。这个过程称为同课程相关教育。另一个有关的术语是同课程结合教育，它是把图书馆使用教育密切地结合到非图书馆的课程中。在这两种形式的教育中，图书馆人员与院系教师是互相配合的，在同课程结合教育中尤其如此。

（二）读者教育的方法

理想的读者教育是由两个单元即导向和授课组成的一个连续过程。导向，主要指引导读者了解使用图书馆的一般方法和有关的服务项目，以及某一图书馆的组织、结构和设施。授课是指让读者学会使用专门学科范围内的可取得的情报源。如有必要，这两个单元也可以结合起来，它并不排除开设经过组织的课程等。实践表明，通过各种形式的读者与图书馆的接触，图书馆读者教育具有扩展性和整体性。此外，这种形式的读者教育将按照读者的需求促使把导向和授课结合起来。

图书馆读者教育的教学方法是整个教学方法体系的组成部分。它既有一般教学方法的共性，又有体现读者教育教学特点的个性。各个图书馆在开展读者教育的实践活动中，应注意从自身的主客观条件出发，有的放矢，做到系统性与针对性相结合。图书馆读者教育的教学方法作为一个完整的体系，具体内容如图 3-2 所示。

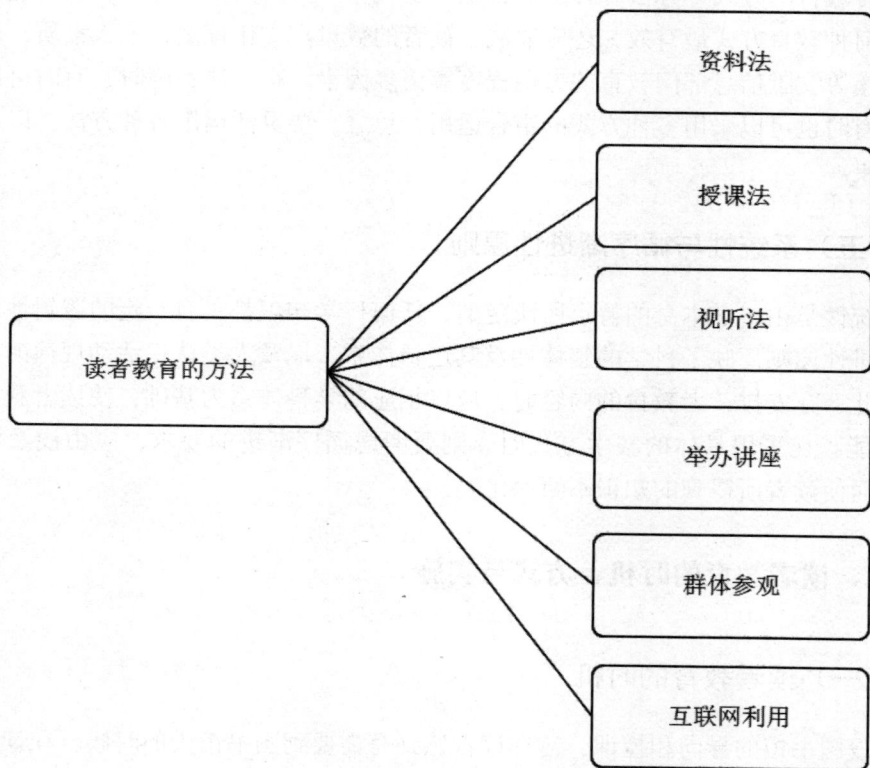

图 3-2 读者教育的方法

1. 资料法

印发资料是一种书面教育形式，适用于没有集中参加培训的读者，也可作为参观图书馆或讲座形式的补充。材料的内容可深可浅、可专题、可系统。但是这种材料普及性强，不能顾及每位读者的不同特点，而且这种方式依赖于读者本身的积极性和阅读能力等，极容易因为读者的某种原因及材料的设计不当而达不到理想的效果。

2. 授课法

授课法是教学方法体系中运用最为普遍的一种方式，在图书馆读者教育工作中，它也是最为主要的教学模式。由于授课是通过听觉和视觉的双重效应来达到传授知识的目的，因此它具有较好的教学效果，能够使读者在较短的时间内，系统地掌握有关的图书情报知识和提高文献信息的检索技能，从而按照读者教育的计划和要求，达到读者教育的基本目标。

授课法是一种重要的读者教育方法，然而它作为一种被动的授课方式，不利于培养读者的感性认识和动手能力。所以，像"文献检索与利用"这类课程的教学，单纯采用授课法是远远达不到目标的，必须辅之其他的教学方法，尤其要注重指导读者参加具体的实践，亲自检索和利用各类文献，才能达到事半功倍的效果。

3. 视听法

近年来，在图书馆读者教育中，视听介质如电影、录像带、磁带、幻灯片和录音带的应用日益广泛。视听法使用灵活，既可用于小组教学，如作为讲课或讲习班内容的补充说明，也可用于个别辅导、备课，还可重复放映。它还可以随时使用，无论讲课教师或图书馆员是否在场，一有需要，学生即可使用。磁带和幻灯片易于放映，也便于收藏。其放映速度在小组教学时，可由讲课者控制；个人使用时，可由学生自己掌握。

4. 举办讲座

讲座是由专家学者或教师不固定地以传授某方面的知识、技巧，或者提高某种能力、拓宽知识面的学习形式。针对不同的短期教育，举办各种内容的讲座。通过讲座能在较短的时间内，系统地介绍某特定方面的知识。例如，一些高校图书馆开设的专题讲座有如下类型：

（1）图书馆文献资源与服务方式。为广大读者提供文献资源服务是图书馆的办馆宗旨，开展图书馆服务的前提是必须让每一个读者了解图书馆的文献资源和服务形式。详细地介绍图书馆各种类型的文献资源以及图书馆最常见的服务形式。

（2）馆藏图书的分布及开架区找书办法。图书是一种重要的文献资源类型，迅速准确地找到要用的图书是做学问的一项基本功。由于很多图书馆有多个分馆，馆藏图书分布比较分散。讲座能够帮助读者熟练地在书库中查找图书，具体内容包括介绍馆藏图书的分布与排架方法；怎样在书库中找到要用的图书；如果在书库中找不到所需图书，怎样通过其他途径如馆际互借等满足需求等。

（3）馆藏目录检索。馆藏目录检索是读者利用图书馆的第一步，该项讲座帮读者全面地了解图书馆的馆藏书目状况、熟练地使用计算机进行书目查询。讲座的具体内容包括：馆藏书目现状，如卡片式目录和机读目录的现状；图书馆机读目录的检索方法，包括如何上机操作、如何利用各种途径（题名、作者、关键词等）查询书目、如何查看书目记录、如何填写索书单、如何查询读者借阅状况、如何续借与预约等。

（4）电子资源介绍。电子资源是当今教学科研和生产都离不开的重要资源，该讲座具体内容包括：介绍电子资源的类型、特点及其功用，包括数据库、电子期刊、电子图书、电子报纸等；介绍馆藏电子资源的主要检索方法和检索技巧；介绍本馆最新提供的电子资源及其服务等。

（5）中文电子报刊数据库使用技巧。图书馆的电子学术期刊资源已相当丰富，利用电子期刊可以更快速、及时地提供阅览，可以随时随地存取、打印与传递，可以足不出户了解最新学术动态。

（6）本馆外文电子期刊的使用。该讲座将介绍外文期刊的使用方法，并对一些由组织或个人、学术机构等提供的电子期刊，以及网上的其他免费学术期刊进行介绍。

（7）本馆中文电子图书的使用。电子图书是很受图书馆重视及受读者欢迎的最新型电子资源之一。一些学术资源单位和数字信息公司分别利用其资源和技术优势开发了几个大型的电子图书网络服务系统，其学术性图书相对较多，或图书时效性较强，具有较大的参考价值。

（8）英文电子图书的使用。主要介绍本馆英文电子图书如"美星外文数字图书馆"的使用方法。

（9）学位论文查询。主要介绍常用的学位论文查询系统以及其他中国高等学校学位论文检索信息系统等，帮助读者查询和利用学位论文资源。

（10）理科参考性工具书的使用。在种类繁多的工具书中，参考性工具书占大多数，例如，专门性词典、百科全书、年鉴、手册、表谱、图录、组织机构指南及人名录等。工具书不仅可以告诉人们查找资料的途径和线索，还能为人们的学习、工作、科研提供一定的参考价值的资料。讲座内容包括怎样查找专业名词术语、怎样查找新兴学科知识、怎样查找当代时事资料、怎样查找人物资料等。

（11）文科常用中文工具书介绍。讲座内容包括：介绍怎样查找专业图书目录与文章篇目索引、怎样查找字词语句、统计数据、人物资料、地名资料、历史事件、机构组织以及年月日换算等有关参考工具书、资料性图书。

（12）电子工具书介绍。讲座介绍一些重要的中、英文事实型和数值型数据库，提供各种统计性和工具性的资料。常用的数据库有中国资讯行数据库中的名词解释库、商业报告库、上市公司文献库和统计数据库等；新华社中文综合信息库中的人物库、中外名词翻译库、组织机构库等；万方数据资源系统中的公司产品库、成果数据库等；此外还介绍一些中英文工具书、百科全书和词典等。

（13）综合性权威检索工具介绍。讲座介绍怎样查找某个专题领域最权威或最具代表性的文章、怎样了解某篇论文在国内外尤其是在国际上所引起的反响、怎样了解自己所认识的人们的学术成就、怎样了解国内外某种期刊的重要程度。

（14）中外标准文献的检索与利用。标准文献也是一种常用的文献类型。讲座的具体内容包括中文标准的检索方法与技巧、外文标准的检索方法与技巧。

（15）中外文专利数据库检索。讲座主要介绍常用的查找中文专利文献的数据库的使用以及专利文献的分析和利用。

（16）本馆最新电子资源简介。目前电子资源的发展速度越来越快，信息含量不断增大、产品不断更新升级，形式越来越多样化，读者的需求也越来越多。讲座介绍本馆最新引进或最新试用的电子资源。这些新增的电子资源是根据专家意见或读者需求而精选的最优秀的资源，有些是图书馆已经正式购买的，有些则先由图书馆引进给广大校园网用户试用。

（17）电子资源的综合利用。学术论文写作是传承知识、创新知识的一个主要形式，在现代教育体制中占有极为重要的地位。目前图书馆的电子学术资源数量庞大、种类丰富，不同的资源分散在不同的检索平台上，以致用户常常不能把握电子资源综合利用的技巧。讲座主要介绍如何利用电子资源进行课题查询和论文写作，如学科电子资源的种类、数量、用法，结合具体学科、结合用户具体的课题查询或其他相关需求，介绍电子资源的选择、课题查询的方法和步骤；如何对检索结果进行分析，以及如何利用电子资源进行学科的学术论文写作、学科科研活动以及课题研究等；如何利用检索到的信息进行开题报告和论文写作。

（18）常用办公软件的基本使用方法与各种技巧。

1）Word 具有强大的文字编辑和排版功能，而且有着杰出的易用性，因而深受广大用户的喜爱并拥有世界上最大的用户群。讲座是 Word 的入门讲座，将重点介绍 Word 的基本操作技巧。

2）Excel 是一个功能极强的电子表格软件，自它问世以来，就因其独特的功能特性被公认为是功能最完整、技术最先进和使用最简便的电子表格软件，并逐渐占据了世界商用软件的市场。讲座将介绍 Excel 的基本使用技巧。

3）Powerpoint 是个很实用的多媒体演示软件，在所有多媒体制作工具中，它应该是比较容易入门的，尤其是对于已经熟悉 Word、Excel 的朋友来说，更易于接受。

（19）网页与网站开发方法与技巧。介绍如何用 HTML 语言和 ASP 语言开发网站和提供数据库检索。

（20）常用工具软件安装和使用简介。讲座主要介绍工具软件的使用：压缩软件、翻译软件。

（21）本馆未收藏的常用电子文献资源及其获取途径。互联网上信息浩如烟海，获取有用的信息难于大海捞针。搜索引擎是广大用户搜索信息资源的必备武器，讲座将帮助读者了解搜索引擎技术的原理和检索方法，讲解如何有效地利用搜索引擎准确查找读者需要的信息，演示查找专业学术信息和日常应用信息的检索方法和具体实例，介绍图书馆电子资源的利用。

（22）特种文献资源的使用。在种类繁多的图书馆文献中，标准、科技报告、会议文献、专利、政府出版物等以其独特的用途，高技术的含量发挥着不可替代的作用。

5. 群体参观

群体参观是针对图书馆的新读者群，如入学新生。目的是让读者尽快熟悉图书馆，包括图书馆的环境、文献分布情况、目录设置情况、服务项目、规章制度等。在参观过程中，读者有机会认识图书馆工作人员，促进他们积极主动地寻求图书馆工作人员的帮助。但是这种形式主要是给读者感性认识，既不便于详细介绍读者教育的内容，也不便于解决读者个人随时遇到的专门问题。

6. 互联网利用

利用互联网交互性的特点，图书馆读者教育可以因地制宜，因时制宜，既节省人力，又提高教学效果。图书馆读者教育需要从网络、通信、数据库检索三个方面，全面讲授信息检索知识，使读者都能获得信息知识和信息检索与利用的能力。

（1）常见问题解答。常见问题解答，是参考咨询人员收集并汇总读者咨询过程中经常遇到的、带有普遍性和典型性的问题，进行详细解答并分类编排，汇集成数据库，提供网络查询的服务形式。常见问题的内容十分广泛，如参考咨询部门的联系方式与咨询方式，馆内服务台位置、电话、网上咨询方式，用户使用图书馆的联机目录查询系统，馆际互借服务，代查代检服务，查新服务，专利检索服务，标准检索服务，等等。由于常见问题解答是采用网络数据库查询技术开发的，其构成和制作过程也相对复杂一些，下面具体介绍其制作方法和步骤。

常见问题解答的制作方法和步骤如下：

1）创建常见问题解答数据库。常见问题解答数据库一般可以采用 Access 数据库来创建，数据表包含编号、问题名称、问题类型、问题描述、读者姓名、读者邮箱、问题答案等字段。

2）读者问题提问网页及问题提交处理程序。读者提问网页采用表单形式来引导读者采用规范格式对提问问题进行描述，问题提交后由问题提交处理程序将问题追加到常见问题解答问题库。

3）读者提问查询网页与问题解答处理程序。参考咨询员通过读者提问查询网页查看读者提交的咨询问题，选择具有普遍性的典型问题，进行详细解答，并由问题解答处理程序提交到常见问题解答库，供读者查阅。对于那些不具有普遍性的问题，可以直接将答案按读者提供的电子邮件地址发送给读者。

4）常见问题分类导航和查看问题解答。常见问题解答库中是一些比较常见的问题，读者可以在网上浏览、查询。为便于读者查找问题，需要按问题的内容性质进行分类整理，建立分类导航栏来显示具体问题。分类导航栏采用 JAVA 语言来设计。这样，读者可以通过浏览常见问题，解决自己在使用图书馆中遇到的多个疑难问题。常见问题解答实际上就是一部图书馆使用指南，可免去读者直接询问的麻烦，是一种节约时间和人力的效果显著的网络咨询服务形式。它不仅能够帮助用户方便快捷地获取答案，也能够帮助读者更多地了解图书馆的服务内容及注意事项。

通过用户教育，要让用户接受如何使用传统图书馆与数字图书馆以及怎样检索专题文献、怎样充分利用参考咨询服务的教育。这不但向用户宣传了图书馆拥有的传统资源、数字资源、网络资源与参考咨询服务项目，又提高了用户利用图书馆及其各种形式的资源的能力。

（2）网络远程教育。网络远程教育是指在线学习或网络化学习，具有开放性强、协作性、实时交互性等特点。为配合学校教学发展、辅助教学工作、帮助学生开拓视野、培养学生良好的自学习惯，图书馆提供了不受时间和空间限制的网络培训服务，读者可以根据自己的实际情况进行选择性的浏览和学习。为配合学校教学发展，提高教学质量，进一步开发和利用图书馆的网络和信息资源，图书馆开始围绕教学教参提供网络远程教育服务。

随着参考咨询工作的逐步深入，用户教育的内容不断完善，教育形式也是多种多样，在开展用户教育过程中必须注意以下问题：

1）融合传统资源、电子资源、数据库资源与网络资源等内容，系统提供文献检索的理论、方法，培养与增强用户的信息意识，掌握获取文献知识的方法，提高他们的自学能力与创新能力。数字资源有着巨大的优势，检索获取方便，用户更愿意利用，但是数字资源在学科范围、收录时间上的局限会造成漏检，因此必须教育用户不能仅限于数字化资源，而必须结合传统资源完成资料查找工作。

2）重视对用户进行计算机及网络知识的教育培训，包括计算机基础知识、网络基础知识、光盘及数据库检索知识、图书馆自动化软件系统的使用方法等。

总之，用户教育应当采用传统方式与网络方式相结合的方式进行，针对各个专题讲座制作的培训课件，让用户形象直观地了解电子出版物、电子图书馆、数据库以及网上信息资源的利用与检索方式。在图书馆丰富的资源基础上，多媒体交互式计算机网络远程教育应是图书馆参考咨询服务的另一特色服务趋势。如开展技术教育或专业课程的远程培训，能为社会人士增加更多学习机会。此外，还可以举办专题讲座、知识竞赛活动等，开展多层次、多形式的用户教育活动，这不仅充分体现了图书馆强烈的用户教育意识和服务意识，而且真正体现了网络环境下参考咨询工作的现代化。

（三）读者教育的实施

（1）对知识群体进行辅助教育。辅助教育，就是辅导该群体学会利用图书馆。辅助教育包括辅导读者了解图书馆藏书体系、藏书布局、地点、机构设置服务方式方法，了解图书馆现代化程度，使用计算机的服务窗口、联网程度、软件系统等；辅导读者掌握图书馆借阅规则、规章制度；辅导读者掌握各种工具书的使用方法，了解服务范围，以及复印、复制收费标准等；辅导读者使用计算机，预防计算机病毒。

（2）对中下文化层次群体的被动教育。被动教育，是图书馆根据社会发展的需要和读者群体素质实施的教育，图书馆主动进行，读者被动接受。被动教育除对读者进行辅助教育外，还应进行提高科学文化素质的教育，如举办大专班、中专班、成人补习函授班等，以提高读者科学文化素质；进行好读书、读好书的教育，掌握就业等基本技能教育；进行精神文明教育；国内外形势教育。

第二节　现代图书馆读者信息素养教育

一、信息素养的解读

（一）信息的特点与关系

1. 信息的特点

信息作为一种客观物质存在，它具有的特点如图 3-3 所示。

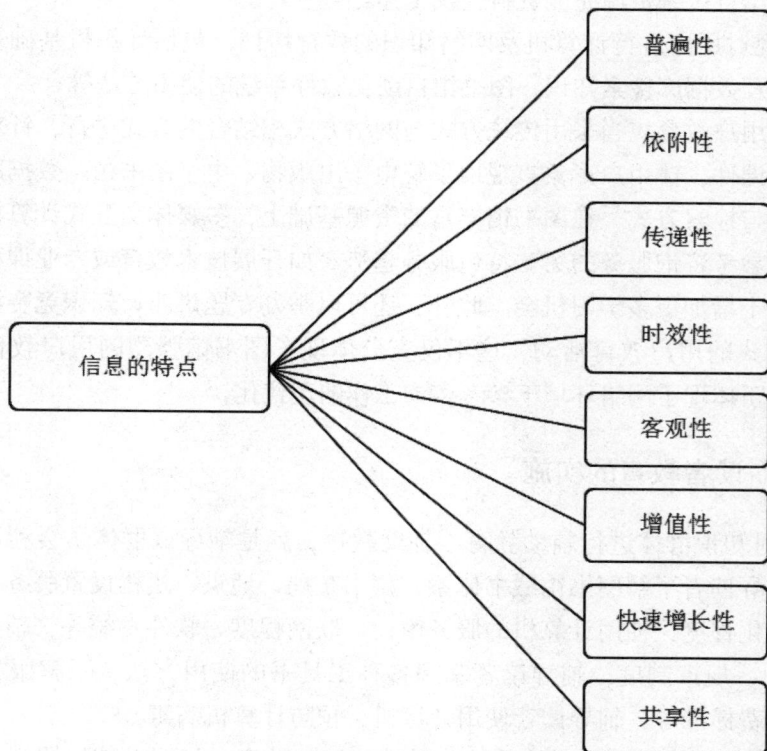

图 3-3 信息的特点

（1）普遍性。信息是事物存在和运动的表征，它广泛存在于人类社会活动和自然界中。

（2）依附性。信息不能独立于物质之外，必须依托于一定的物质载体才能存储和传播，它须借助文字、图像、纸张、胶片、磁带、软盘、光盘、电磁波、声波、感光材料等物质载体来进行存储和传递，但是信息内容不会随着载体的变化而变化。

（3）传递性。信息的传递是与物质和能量的传递同时进行的，信息在传递过程中产生经济效益和社会效益。信息通过载体的转换和运动，跨越时空而传递。信息的存在形式常表现为语言、文字、图像、表情、动作、书刊、报纸、音频和视频等。

（4）时效性。信息在传递过程中，反映的是某个特定时间事物的运动状态和规律。信息的时效性，是信息的一个非常重要的特征。

（5）客观性。信息作为一种客观存在，反映的是客观物质运动过程中所表现出来的特征和规律，这决定了信息的客观性。信息可以被感知和加工、被存储和整理、被传递和利用。

（6）增值性。信息交流的结果是信息的增值，它通过人脑思维或人工技术的分析、综合、加工、整理等，不断提高信息的质量和利用价值。信息与物质和能源不同，信息只有在被利用时才能产生价值，否则其价值就会随着时间的推移而减少，甚至成为"垃圾信息"。

（7）快速增长性。随着科学技术和知识经济的发展，信息数量以海量速度剧增。

（8）共享性。信息的共享性主要是指同一信息在相同或不同的时空里可以被两个或两个以上的用户使用。随着通信技术和网络技术的发展，信息的电子化和数字化，信息的共享性越来越明显，而且信息在使用的过程中，不会因为共享用户量的增加而减少。

2. 信息与相关概念的关系

信息客观存在于人类社会和自然界中，具有天然的属性。知识是人们在改造世界的实践中所获得的认识和经验的总和，是人的大脑通过思维重新组合的系统化的信息集合。知识来源于信息，是信息的一部分。情报是为了解决一个特定的问题所需的激活了的、活化了的特殊知识或信息。情报来源于知识，必须在特定的时间内及时传递，并能为用户所接收和利用。文献是指记录着知识的一切载体，即以文字、图像、符号、声频、视频等作为记录手段，对信息进行记录或描述，能起到存储和传播信息、情报与知识作用的载体。所以，在某种情况下，信息、知识、情报和文献在概念上可以互通互用，知识来源于信息，是理性化、优化和系统化的信息；情报是解决特定问题的知识和智慧，是激活的那部分知识；文献是它们的载体，当文献记录的知识传递给用户，并为用户所利用时，就转化为情报。情报对于既不认识又不理解它们的人来说，只不过是一种信息。它们之间的关系应是情报包含于知识，知识包含于信息。

一方面，文献是人们获取信息、知识、情报的重要渠道之一，说明文献与信息、知识、情报具有交叉关系；另一方面，文献中包含着信息、知识、情报，同时信息、知识、情报也可以是文献，也就是说它们之间还有一种相互包容的关系。从文献中获得的信息、知识和情报，就是文献信息、理论知识（书本知识）、文献情报。

（二）信息素养的要素

信息素养是一种综合能力。"信息素养作为信息时代人的核心素养和基本素质，是衡量人才素质及其综合能力的重要指标。"[①] 信息素养教育的目的是培养人们具有能够认识到何时需要信息，能够有效地检索、评估和利用信息的综合能力；培养人们能够将获取的信息与自己已有知识相融合，构建新的知识体系，解决所遇到的问题与任务；培养人们能够了解利用信息所涉及的经济、法律和社会问题，合理、合法地获取和利用信息。信息素养的要素如图3-4所示。

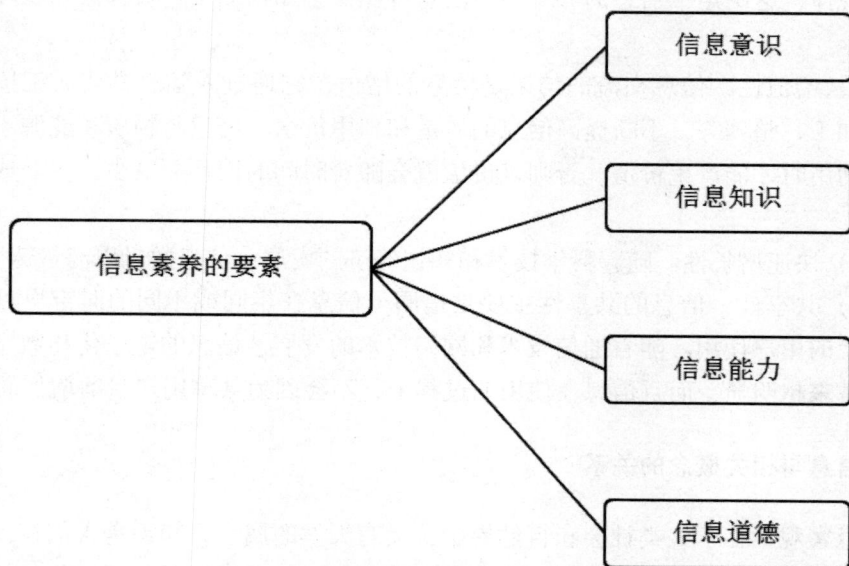

图 3-4 信息素养的要素

1. 信息意识

信息意识即人的信息敏感程度，是人们对自然界和社会的各种现象、行为、理论观点等，从信息角度的理解、感受和评价。信息时代处处蕴藏着各种信息，能否很好地利用现有信息资料，是人们信息意识强不强的重要体现。使用信息技术解决工作和生活问题的意识，是信息技术教育中最重要的一点。

信息意识的主要内容如下：

（1）信息的价值意识。信息的价值意识主要是指信息主体对信息的作用、功能及其在社会中的价值应有的充分认识，即信息价值观的树立。

[①] 肖新祥.信息素养的理论缘起、内涵及构成要素略论——兼论信息素养教育国际经验[J].电化教育研究，2021，42（08）：116.

（2）信息获取与传播意识。信息获取意识是指信息主体应具有主动寻求和发现信息的意识；信息传播意识是指将自己创造或获取的信息传播给他人的意识。

（3）信息保密意识。某些特定信息需要某种程度的保密，如：国家政治、经济、军事秘密，尖端科技成果，个人隐私等。

（4）信息守法意识。信息内容的任意散播，有时不仅是道德问题，而且可能涉及法律问题。

（5）信息安全意识。防止有用的信息泄露、丢失或被更改的意识。如保管好个人的存折密码、上机密码等；对重要的信息应当备份；保护与自己相关的信息系统的安全，防止他人破坏。

（6）信息动态变化意识。信息的价值不是一成不变的，旧的信息会不断地被新的信息所取代和超越。

（7）信息的经济意识。信息是商品，可以用货币去购买信息，通过销售信息可以获取利润。它包含三个方面的内容：①信息是可以卖的；②信息是可以买的；③存在专门的信息服务企业从事信息买卖服务。

（8）信息污染意识。信息在传播的过程中存在着错误的、虚假的、过时的、没有价值的信息。

2. 信息知识

信息知识既是信息科学技术的理论基础，又是学习信息技术的基本要求。只有掌握信息技术的知识，才能更好地理解与应用它。它不仅体现着一个人所具有的信息知识的丰富程度，还制约着他对信息知识的进一步掌握。

信息知识的主要内容如下：

（1）传统文化素养。传统文化素养包括读、写、算的能力。进入信息时代之后，读、写、算方式产生了巨大的变革，被赋予了新的含义，但传统的读、写、算能力仍然是人们文化素养的基础。信息素养是传统文化素养的延伸和拓展。在信息时代，快速阅读的能力，是有效地在各种各样的海量信息中获取有价值的信息的根本保障。

（2）信息的基本知识。信息的基本知识包括信息的理论知识；对信息、信息化的性质、信息化社会及其对人类影响的认识和理解；信息的方法与原则，如信息分析综合法、系统整体优化法等。

（3）现代信息技术知识。现代信息技术知识包括信息技术的原理、信息技术的作用、信息技术的发展及其未来等。

（4）外语。信息社会是全球性的，在互联网上有80%的信息是英语，此外还有其他国家语种。要相互沟通，就要了解国外的信息，表达我们的思想观念，这就要求我们掌握1～2门外语，适应国际文化交流的需要。

3. 信息能力

信息能力不仅包括信息系统的基本操作能力，即对信息的采集、传输、加工处理和应用的能力，这包括对信息系统与信息进行评价的能力等。这也是信息时代重要的生存能力。身处信息时代，如果只是具有强烈的信息意识和丰富的信息常识，而不具备较高的信息能力，还是无法有效地利用各种信息工具去搜集、获取、传递、加工、处理有价值的信息，也就不能提高学习效率和质量，无法适应信息时代的要求。

信息能力的主要内容如下：

（1）信息获取能力是指信息主体根据特定的目的和需求，从外界信息载体中提取所需信息的能力，包括信息的查找能力和现场信息的搜集能力。

（2）信息理解能力包括信息的识别与理解能力、评价判断能力和选择能力。信息主体应能够正确地识别与理解所遇到的信息的含义，知道它们反映了什么客观规律与现象。同时，能够正确地判断与估计所查找到的信息的价值与意义，并能在浩瀚的资源中选择自己需要的信息。

（3）信息表达能力包括信息的生成能力和信息的表示能力。它要求我们能够在社会实践和社会调查数据中获取并生成有用的信息，并且能够运用正确的形式表达出来，以便于信息传播。

（4）使用信息技术的能力是指能够使用计算机以及常用的软件系统处理工作、学习、生活等方面的问题。

4. 信息道德

信息道德是指在信息的采集、加工、存储、传播和利用等信息活动各个环节中，用来规范其间产生的各种社会关系的道德意识、道德规范和道德行为的总和。它通过社会舆论、传统习俗等，使人们形成一定的信念、价值观和习惯，从而使人们自觉地通过自己的判断规范自己的信息行为。

信息道德的主要内容包括：①在获取和使用信息过程中应遵循的伦理规范的总和。如：不得危害社会或侵犯他人的合法权益，自觉保护他人的知识产权、隐私权等，不传递不良信息等。高尚的信息道德是正确信息行为的保证，信息道德关系到整个社会信息素养发展的方向。②信息道德作为信息管理的一种手段，与信息政策、信息法律有密切的关系，它们各自从不同的角度实现对信息及信息行为的规范和管理。

信息素养的四个要素共同构成一个不可分割的统一整体。信息意识是先导，信息知识是基础，信息能力是核心，信息道德是保证。

二、图书馆读者信息素养教育的开展优势和必要性

（一）图书馆开展读者信息素养教育的优势

（1）海量的馆藏资源。随着国家对公共文化事业的重视和投入不断增大，公共图书

馆馆藏资源发展迅速，尤其是省级图书馆，在第五次、第六次公共图书馆评估的促建下，购书经费都有了一定的保障，为开展信息素养教育提供了扎实的资源条件。高校图书馆在国家高等院校评估推动下，各方面也得到了大力发展。

（2）专业的参考咨询馆员。国家图书馆数字图书馆推广工程项目启动，依托全国图书馆参考咨询协作网的建设，国家图书馆通过办培训班、驻地实习等多种方式为副省级以上图书馆参考咨询馆员提供了更多的学习机会，参考咨询馆员整体素质得到了有效的提升。借力陕西省公共图书馆服务联盟，对全省基层参考咨询馆员进行轮训，并借助QQ群、电话、微信等媒介，指导基层咨询馆员开展参考咨询服务和立法决策信息服务，经过长时间的互相学习和工作交流，全省参考咨询馆员信息素养得到有效提升，这为下一步开展读者信息素养教育储备了一定的人力资源。

（3）自上而下的组织结构。图书馆联盟的成立，为图书馆各项事业的发展奠定了坚实的组织基础，某项工作的开展已经不再是某一家图书馆单打独斗的场面。图书馆在追求个性化发展的同时，也可将具有共性的服务与其他兄弟馆共建共享。一家图书馆发起，其他图书馆可共享其策划方案，共同开展统一主题的活动或培训。在阅读推广活动中，联盟的优势得到了充分的体现。阅读推广活动积累的工作经验也为开展信息素养教育奠定了组织基础。

（4）公共电子阅览室建设基本到位。在共享工程项目和公共图书馆评估的推动下，县级以上公共图书馆 VPN 专网、公共电子阅览室建设基本到位。互联网的接入和电子阅览室的开放，为开展用户素养教育提供了免费的场地和设施设备。

（二）图书馆开展读者信息素养教育的必要性

我国关于信息素养教育的研究始于高校图书馆，高等学校图书馆开展信息素养教育，培养读者的信息意识和获取、利用文献信息的能力。信息时代，人们获取信息的渠道越来越多，随着自媒体的发展，信息传播变得越来越快。

公民信息素养教育变得越来越迫切，而图书馆作为公民终身学习的教育基地，开展公民信息素养教育应成为当前公共图书馆教育职能的重要任务。图书馆应在开展全民阅读活动、提升国民素质的基础上，提升用户信息素养，改善用户对不确定信息的认知能力。这是当前图书馆界面临的新课题，也是图书馆事业发展势在必行的一个阶段。此外，参考咨询馆员，也能因为授人以渔而提高工作效率，将有限的精力投入到深层次的知识服务中。

三、图书馆读者信息素养教育的开展路径

（一）确立观念，达成共识

精神世界和文化生活的需求，使得读者对图书馆提出了更为严格、更高的要求。图书馆培养读者信息素养，缩小读者与图书馆之间的数字鸿沟。读者信息素养教育应属于图书

馆的免费服务项目，也必将需要图书馆投入一定的人力、物力、设备、场地，将信息素养教育作为图书馆的基础服务向读者免费提供。

（二）设置机构，订立目标

图书馆作为公民终身学习的场所，或设立专门的机构开展信息素养教育，或者将信息素养教育纳入教育培训部门、参考咨询、阅读推广等部门。教育培训部门有开设培训班的经验，阅读推广部门有组织活动的实践，参考咨询部门有更为专业的信息素养培训专家。将这三者工作结合起来，订立短期目标与长期目标，循序渐进地推进工作从熟悉图书馆基础业务入手，根据读者需求设计培训课程，使得读者能充分利用图书馆资源。

（三）细分读者，设计方案

相对于高校图书馆和科研图书馆来说，公共图书馆面对的读者群体相对广泛，有专家教授、政府公务员、企事业单位人员、大中专院校学生、退休人员、未成年读者、无业人员等。我们可根据读者获取信息的能力来划分读者群，设置不同程度的培训课程。尤其应重视老年读者和少儿读者这些信息素养不足的弱势人群。

课程内容应包括图书馆的馆藏资源、收藏重点、排架规范、借阅规范、检索形式、读者可免费使用的图书馆空间、设施设备。授课教师应选择有亲和力、课件语言应浅显易懂、操作性强。

（四）借助阵地服务，开展信息素养教育

未来的时代，谁具备了获取信息的能力，谁就掌握了开启未来的钥匙。图书馆应发挥自己的优势，在开展全民阅读推广活动的基础上，渗入性地开展信息素养教育。

图书馆员可以在日常的咨询和指导中，为读者提供一对一的指导，比如在指导和帮助读者检索一本图书时，详细地介绍检索界面。图书馆也可在一楼大厅或者设置专门的教室，为首次进入图书馆的读者进行培训，将培训课程循环播放。

（五）搭建培训平台，开设线上线下同步培训课程

微时代，传统的服务方式已经不能满足读者的信息需求，图书馆应该紧跟时代的步伐，开发图书馆 App、掌上图书馆、移动支付业务，优化图书馆的服务方式。在此基础上，利用慕课技术，设计搭建图书馆培训平台，对读者进行信息素养教育，让信息素养教育犹如阅读一般，深入人心。

第三节　大数据时代读者数据素养教育

现代社会，科学技术高速发展，信息流通不断加快，人际交往愈加密切，生活也更加便捷。大数据就是这个时代的产物，因此现代也被称为大数据时代。大数据，即巨量数据集合，是指传统的数据处理软件无法在短时间收集、整理的庞大而复杂的数据集，是一种需要具有更强的决策力、洞察力、优化能力的新型处理模式才能够处理的海量信息资产。

一、数据素养教育的基础理论

数据素养是具备数据意识和数据敏感性，能够有效且恰当地获取、分析、处理、利用和展现数据，并对数据具有批判性思维的能力。数据素养的重点在于从海量纷繁无序的数据中提取有效数据、合理利用数据，遵循一定的道德行为规范，并能够将这些经过科学处理后的信息正确地传达给他人。这不仅是科研人员必备的核心素养之一，也是互联网时代每个民众不可或缺的素养。

数据素养教育包括数据意识、数据技能与数据应用三个模块。其中，数据意识即数据价值意识与数据安全意识；数据技能即数据的对获取、利用、存储、管理与规划的能力；数据应用包括数据隐私、数据的合理合法利用、数据表达等。数据素养教育理论研究为实践提供指导，将根据数据素养教育三个理论模块，结合大数据的时代背景，提出相应的指导性数据素养教育实践建议。

（一）数据素养教育的内容

（1）数据素养的意识教育。大数据时代，数据素养将会被越来越多的民众了解，但是能够正确认识数据素养还有一段距离。因此，数据素养教育首先应是意识教育，使民众产生数据意识，即向民众普及数据知识，让他们清楚大数据是什么、大数据为什么产生、大数据如何使用、大数据时代如何保护隐私等问题。

（2）数据素养的技能教育。想要合理利用数据，就应该掌握利用数据的技能。为了提升民众的应用水平，就必须对民众开展数据素养技能教育，提高民众获取数据、管理数据、分析数据的能力。技能教育，需要理论知识与技能实践训练相结合，才能保障数据素养教育的有效开展。

（3）数据素养的应用教育。在大数据时代，民众能够灵活应用海量数据是数据素养教育的追求与目标之一，也是图书馆为用户服务的最终追求。在开展数据素养教育的过程中，在意识教育与技能教育的基础上，图书馆员应深入了解、调研用户的真实需求。根据用户需求，为图书馆的数据应用提供决策参考、运用指导等帮助；在满足需求的同时，也提高用户对数据应用的兴趣。

（二）数据素养教育的实施方法

"近年来，大数据的理念与实践从商业领域迅速扩展到社会信息服务的各个领域，图书馆作为社会重要的公共文化服务机构，也开始积极致力于大数据理念与技术的引进与应用。"[①]

图书馆开展数据素养教育，会受到用户群体的区别、服务环境的差异以及社会发展的不同阶段等因素影响。因此，在制订数据素养教育计划时，理应考虑到各种影响因素，对各种影响因素进行分析、整理，最终确定科学合理的计划，以保证利益的最大化。大数据时代图书馆开展数据素养教育主要有以下三方面：

（1）制订符合用户需求的教育计划。在进行数据素养教育之前，首先要确定不同的用户群体，例如，不同地区、系统、机构的图书馆面对的用户群体的需求有明显的差异性。因此，在开展数据素养教育时，应从素质教育水平、需求领域等方面区分不同的用户。针对不同用户的实际素养水平，制订不同的计划，切合用户的需求。激发用户的兴趣，让他们喜欢图书馆，热爱图书馆，真诚地接受图书馆的数据素养教育。

（2）在服务中嵌入数据素养教育。图书馆开展数据素养教育需要科学合理的方法，在服务的过程中嵌入数据素养教育无疑是最好的方法。比如，可将数据素养教育融入图书馆的咨询服务中，用户在使用数据资源过程中若遇到问题，可向咨询台求助或是在自助机上查看帮助，在提供咨询服务的同时也能教授用户检索、管理、分析数据的方法。此外，图书馆还可定期开展信息检索等相关课程，向用户灌输数据素养意识，并传授使用数据的基本操作技能，以提高数据素养水平。

（3）开展数据素养教育活动。图书馆可开展大量的教育活动，引起民众的兴趣，如技能竞赛、案例展示、阅读推广、虚拟现实体验等活动。这些活动不仅能够吸引用户的兴趣，用户也能够在活动的过程中获取数据素养知识、提高数据素养技能。在开展活动中对民众进行教育培养，切实为民众服务，满足民众的需求，才能使民众对数据素养感兴趣，爱上图书馆、常去图书馆，使数据素养教育取得良好的效果。

大数据开启了图书馆的一次重大时代转型，图书馆面临大数据挑战的同时又有着新的机遇。图书馆应把握时代的机遇，转变自身职能、改变服务方式，大力开展数据素养教育。在此过程中，应进一步明确数据素养教育的理念与目标，充分发挥图书馆在数据素养教育中的作用。

此外，还应充分借鉴国内外成功案例经验，结合图书馆自身情况与读者用户需求，探索数据素养教育开展路程。同时，民众也应该在数据素养教育中对大数据和数据素养有所体会和认识，不断增强数据意识，提高数据能力。然而，图书馆如何合理利用教育资源、整合教育环境、创新教育模式仍有待探索，让数据素养落户每个民众，还有很长的

---

① 和婷.大数据思维对图书馆信息服务工作的启示[J].图书馆建设，2014（01）：64.

路要走。

（三）数据素养教育的开展必要性

随着数据密集型科学的不断发展，不少图书馆开始推出新的业务，数据管理就是其中之一。为此，图书馆应及时实现对自身服务的精准定位，特别是高校图书馆，其受众大多是在校大学生、研究生以及科研人员，这就要求高校图书馆必须开展数据素养教育，包括储存、传播文化知识的能力，塑造成为优秀的学者。

身处如今这个大数据时代，碎片化信息无处不在，数据需求也在与日俱增，这对图书馆的生存无疑带来了巨大的冲击与挑战，所以图书馆的首要任务是对其服务进行及时有效的调整，丰富服务内容，拓宽服务领域，切实提升信息技术水平，还可以为用户提供 24 小时自助服务。如此一来，既能大幅提升其服务质量与效率，又能丰富其基础功能。唯有坚持创新与改进，才能最大化图书馆的教育职能，帮助用户从海量的数据资源中找到所需资源予以科学利用。

（四）高校图书馆数据素养教育的开展经验

（1）高校图书馆数据素养教育以用户需求为驱动，图书馆的工作应有具体性。按照使用者的需求和数据的教育水平，区别用户对象，调整分配"数据馆员"，制订用户具体的数据素养培训计划，让用户拥有良好的数据素养培训体验。此外，用户还应参与数据素养服务的评价，为数据素养服务的未来发展提供指导。数据素养教育的目的是为了让用户积极参与，贯彻落实教育内容与理念。

（2）随着大数据的深入，高校图书馆对数据资源的投入日益增加，这是图书馆开展数据素养教育的硬支撑。例如，图书馆可以建立数据资源平台，方便用户数据资源的获取。还可以设立"云数据管理平台"，以整合寄存和管理数据源，从而产生"数据中心"，形成特色数据库。

（3）国内高校图书馆，应开展馆员数据素养的专业培训，建立专业的数据人才队伍。基于此，实行线上线下数据素养教育模式，以便于用户能够随时了解数据素养知识。在线图书馆数据素养系列通用培训课程和定期公共平台推送服务。线下的图书馆能够与特定部门甚至专业学科合作，以进行特定的素养培训，以保证学生具有专业的数据素质培养能力。

（4）对于图书馆来说，规模很重要，但建立共享数据的规模更重要。对现代高校而言，开展数据素养教育必然需要与馆外资源进行合作，同时还要积极寻求与其他学科之间的联系，共同开展数据素养教育。数据能力必须通过教育生活中的所有学生来进行，教师是学生的导师和监督员。而使用数据的主体的是学生，也是教师合作的对象。数据提供者是各种数据库提供者，因此有必要与它们合作。

（5）数据素养作为一个新兴的领域，在实际的发展过程中会遇到很多困难，因此将其融入其他课程中，使其得到充分的发展。数据素养可以加入信息素养的培训中，这不仅是拓展信息素养的内容，也是发展数据素养。数据素养在实际操作能力中也是必不可少的一个环节，这是技术创新的条件和基本。数据素养教育和培训，除培养数据感知能力外，还需要重视理论与实践的相辅相成，这样学生可以在接触真正的科学研究数据和经验数据管理的所有方面的过程中学习，以提高数据管理在实际工作中的水平。

二、大数据时代图书馆读者数据素养教育的提升策略

对图书馆来说，大数据时代是其转型发展的重要阶段，图书馆应充分把握时代所给予的发展机遇，加快改变自身职能与服务方式，积极开展数据素养教育。在此期间，应合理汲取成功经验，根据自身实际情况与用户需求，进一步探索新的数据素养教育路径。以高校图书馆为例，大数据时代图书馆读者数据素养教育的提升策略如下：

（一）图书馆读者数据素养教学对象

高校图书馆的教学对象大多数是本科生以及研究生。数据素养教育需要设定明确的教学对象，对不同年级、不同专业以及不同需求的对象，设定不同的教学形式以及开展不同的教学内容。

在大数据时代，数据素养能力已成为全社会的需求，这意味着教育的受众不再像以往的素养教育那样只针对教师、学生和科研人员，数据素养教育应注重全民教育。它的教学目标不仅贯穿于整个大学教育，而且需要根据每个阶段的学习和研究需要来实施。不同教育对象的这些不同特点影响着数据素养教育的最终教学效果，这就需要有针对性的教学形式来保证数据素养教育效果的最佳体现。

（二）图书馆读者数据素养教学目标

数据素养教学目标应围绕数据意识、数据技能、数据应用以及数据伦理与道德四个方面来开展。数据素养教育教学目标的制定主要是提升学生的整体素质和提升科研创新能力。根据数据素养教育的要求，可以从以下两方面来制定具体教学目标：

1. 以培养科学精神和创新能力为重点

数据既是科研成果之一，也是多个学科领域的研究资源，其可催生出许多跨学科的研究思路与构想。实际上，在科学研究中，学生是否敢于直面时代挑战，能否高效利用大数据资源进行创新实践，这些都有着不可忽视的现实意义。因为，在当前的时代背景下，能对数据进行有效的处理需要科学精神和实践创新能力的出现。因此，明确高校数据素养教育的目标，即培养学生科学精神和创新能力，一方面，迎合了时代的发展需求；另一方面，有效保证了高校人才培养模式的针对性。

2. 以培养科学的数据意识和理性的批判精神为核心

大数据里记录下来的是人们的行为和思想，会对人产生直接影响。因此，数据素养教育中数据意识的培养是最关键的。为此，我们必须正确认识并理解何为数据素养，不断加大对大学生科学数据意识和理性批判精神的培育力度；善于用科学可行的教学方法来引导大数据文化的传播与发展；努力提高大学生的素养与能力，为其提供一个好的教育平台。通过培训使大学生们能够正确认识数据，科学利用数据，对大数据的发展很有利。所以，数据素养教育应充分意识到数据意识和批判精神的重要性，只有正确引导大学生使用数据，社会才能得以更好地发展。

为了实现数据素养教育的教学目标，教学平台的搭建也是必不可少的。现阶段，根据不同的学科，创建不同的大数据实验室已然成为保证数据素养教育实训教学的主要手段。究其原因在于，数据实验室既能为高校师生提供实训平台，使其全面学习并掌握大数据处理的核心技术，学会如何挖掘数据，并将其应用于课题研究，还可以将学生培养成为该领域的高素质人才。

（三）图书馆读者数据素养教学形式

大学的图书馆能够根据具体条件选择不同方式，通过参考外国的一些优秀案例，结合我校的实际情况，灵活运用，多种形式，找到自己适合的方式，达到预期的教学目标。在实践中，我们要把握核心优势，相互学习，相互补充。由于专业背景的不同，导致实际的数据素养教育需要采用不同的方法，进而形成多样化的教学体系。然而，培训方式不同，其所具备的优势也会存在显著差异。传统课程有助于加强学生之间的交流。网络课程可以为学习者提供一个方便的学习环境。讲座可以为学生提供专业的学习机会。由于不同对象的数据素养能力不同，在培训前应进行能力评估，并根据实际需要安排相应的教学方法。

数据素养教育模式建立并实施后，还应建立一个相对完善的评价模式。评估包括两个部分：教育水平和学习成果。在教育水平方面，可以通过问卷调查、访谈、学习成果等方法进行评价；在学习成果方面，可以使用MOOC平台教育环境中的自动评分和互评功能，也可以使用实践、考试等多种科学合理的方法对学习成果进行评价。另外，相关人员应采用多种方式共同评价，避免单一形式的评价和结果不准确。

（四）图书馆读者数据素养教学评估

随着大数据技术的发展，高校教师可借助大量数据支持网上教育，作为评估和分析学生的平台。评价教学效果必须参考数据素养教育评价标准，评价体系的建立无法独立完成，而需要由图书馆引导，邀请数据领域的专家参与全国各高校的发展。

要考虑到需求的差异，制定有针对性的政策，准确反映教学效果。对数据素养教育的评价也有助于明确现阶段用户学习能力的作用，并根据不同用户的需求制订相应的数据素养教育计划，进而推动大学的图书馆数据素养教育继续朝着健康的方向发展。

（五）图书馆读者数据素养宣传方式

为了有效营造校园数字文化氛围，各高校可充分发挥各部门现有的资源，积极调动图书馆、宣传部、教务处以及团委来组织并开展形式各异的宣传活动。

（1）利用微信公众号、校园广播、学校官网以及微博等媒体渠道来为学生普及大数据的基础知识，不断深化师生对大数据的宏观了解。

（2）不定期邀请国内外专家学者、大数据应用企业以及数据库提供商等来校召开专题讲座，围绕大数据在人们生活中各个领域的应用进行宣讲，同时也要表达出时代发展对数据素养的迫切要求。

（3）展示大数据应用案例，以便于师生能够直观地感知大数据的使用方法与实际用处。

（4）举办各种技能竞赛，也可组织趣味活动，鼓励师生以大数据分析的方式来解决现实问题。

（六）图书馆读者数据素养合作路径

数据素养教育的专业和跨学科特点，决定了其教师来源广泛。学校要制定相关制度，明确各部门的分工。高校图书馆建立有效的数据素养教育合作机制十分重要。各高校图书馆应根据自身情况，建立适合自己的合作路径，开展相关合作。积极建设数据素养教育体系，通过引进更多的人才来助推数据素养教育的发展。

1. 跨部门协作

图书馆可与教学学院、职能部门、网络信息中心以及研究生院建立合作关系，实现真正意义上的跨部门协作。在此期间，图书馆一直是组织并开展数据素养教育活动的主体。仅凭用户的数据素养能力远远不足，还需要与多种教育学科，如数理统计系、图书馆信息系、图书馆服务设施等进行沟通，从而产生一种优势互补，提高图书馆数据教育能力。

2. 图书馆与其他机构的合作类型

面对多学科的用户教学，无穷无尽的学科数据资源和多样化的用户需求，同样给课程建设者带来了极大的挑战，对此，课程开发人员必须及时更新自己的知识体系，同时也可以寻求知识和技能的支持，学习更多的专业术语，通过与专业教师的合作收集更多的信息，得到更深的教育理解。

图书馆与其他机构的合作类型如下：

（1）与学院进行合作。与学院进行合作的目的在于把素养教育的内容整合到课程设计以及教学实践过程中，从而指导学生完成论文，参加教师的研究活动，协助进行数据管理并为数据素养教育做一个实际参考。在教学过程中，高校图书馆应配合教师根据具体需求设计数据素养教育相关课程，并将相关的数据理论知识嵌入教学中，使学生对数据有更深的理解，并做好适应时代变化的准备。

（2）与技术专家合作。与技术专家合作，通过对数据统计工具、数据管理与规划工具、数据保存工具等的专业指导，提高学生使用数据工具的能力。之所以与数据库合作，其根本原因在于借助学生所掌握的特定数据库资源，不断提高学生的学习能力，培养其数据伦理，再结合数据库的使用反馈，更有针对性地改善数据库产品。教学资源服务系统主要通过与教务部门合作开发，用户通过自助服务和互联网渠道体验数据服务，增强数据资源的获取和使用能力。

（3）与科研部门合作。与科研部门合作，要求学生参与科研项目。随着项目的进展，学生的数据素养能力不断提高，学生的数据素养教育培训，科研创新和学术交流等都是在具体科研项目的基础上进行的。

3. 设立数据素养教学资源库

大学图书馆的数据读写教育不仅需要与教师开展广泛合作，数据库供应商、科研部门、教育行政部门等，充分发挥各自优势，并共同完成素质教育的任务数据，还需要配合其他库教育专家以及机构设施，在校外整理归纳各方的有利条件，从而设立一个数据素养教学资源库。

在大数据时代下，科学合理的数据管理人才在图书馆数据服务中发挥着重要的作用。他们负责科学研究咨询，数据清理、挖掘、监视以及评估等。

培养专业的数据馆员成为能够为用户解决数据问题，借助互联网技术获取和分析各类数据，将数据转化为服务用户知识需求的能力的专业人员。数据馆员可以帮助用户访问数据资源，并分享他们在数据技能方面的经验。高校图书馆应引进计算机专业人才，定期对其进行数据素养培训。

根据分工，有不同的功能，如数据管理咨询图书馆员为数据用户提供各种咨询服务；数据管理员评估和收集科学研究数据；数据分析图书馆员借助各种专业的统计分析工具对海量的数据信息加以分析，以此来满足用户对数据的多样化需求；数据存储馆员保存数据资源；数据管理图书馆员改进数据管理方案，参与数据政策的制定。

图书馆科学数据服务，与数据专业人员之间存在十分紧密的联系。作为过关的数据图书馆员应具有图书馆学和信息科学等一些相关基本知识，甚至不同学科的知识和研究技能，特别是与数据相关的技能，这些技能可以通过公开课程和在线专家培训来学习。图书馆应在对数据馆员进行数据素养培训的基础上，制定科学的数据素养教育专业团队建设规划，引进国内外数据管理人才，为图书馆数据管理和服务提供人才支持。

高校应致力于培养具有较高专业知识水平的专业团队，这对学校本身要求极高，必须最大限度地发挥社会资源的价值，实现对团队成员的精准筛选。重点人才的选拔是人才队伍建设的关键环节。学校不仅要提高自身能力，创造良好的人才引进环境，还要制定相关政策，优厚的福利制度吸收人才。高校图书馆应为人才引进提供充足的数据资源和数据支持，使数据人才源源不断地进入校园，为数据教育的发展做出贡献。因为数据素养教育包含多种学科，因此在学校人才匮乏的状况下，能够对于教学和研究的不同需求来适当引入不同学科的高素质人才，以建立合理且完善的科学数据素养教育人才架构。而且，有必要制定人才培养制度，并拨出专项资金用于数据素养教育，以呼吁更多的教师共同参加。

第四章 现代图书馆参考咨询工作

第一节 现代图书馆参考咨询概述

参考咨询就是信息咨询，是图书馆员为读者（用户）利用文献和寻求知识、情报方面提供帮助的活动。随着社会信息化和图书馆信息服务社会化，"参考咨询是图书馆提供社会化服务的重要途径。"[①] 高层次的参考咨询服务已开始转移到以文献信息的深层次开发与智力的充分发挥为重心，运用现代化技术手段与科学方法为用户提供知识、信息、经验、方法与策略的服务。

一、参考咨询的作用

参考咨询着眼于微观，以篇章、事实、数据为单元揭示文献的知识信息内容，主要从事解答咨询、编制二三次文献、检索文献、代查代译、知识导航以及其他专题信息服务。作为高层次的业务工作和图书馆情报化和现代化的标志之一，参考咨询做的工作主要是活化馆藏，引导读者进入馆内外的广阔情报源，挖掘利用文献中的知识信息资源，发挥情报职能。参考咨询对客观需求反应最敏感，工作方式灵活而有弹性。

图书馆参考咨询工作在图书馆服务工作中起到了积极的作用。

（1）参考咨询具有发挥图书馆情报职能的作用。图书馆情报职能指的就是将无序的文献信息资源整理成有序的、有价值的、有针对性的文献信息，然后将其提供给有需求的读者。参考咨询是一项能很好发挥这项职能的工作。

（2）参考咨询工作能开发馆内的文献信息资源。工作人员在开展参考咨询工作的同时，能将馆内现有的信息资源进行开发，使之成为更加有用的或更方便使用的文献形式。

（3）参考咨询可以提高文献的利用率。读者或用户通过参考咨询可以更好地了解图书馆的文献信息资源，从而更频繁、更高效地利用这些资源，从而提高它们的使用效率。

二、参考咨询的服务内容

参考咨询服务所包括的内容可大可小，涉及的内容方方面面，是一项既简单又复杂的工作，其主要工作内容包括：

---

① 程秀峰，周玮斑，张小龙，等.基于用户画像的图书馆智慧参考咨询服务模式研究[J].图书馆学研究，2021（02）：86.

（1）图书馆的服务指南工作。参考咨询工作的最基本工作就是回答读者和用户的提问。这些问题中很多是关于图书馆基本情况的问题。如图书馆的位置、一些部门的联系方式、某些业务的部门归属、图书馆的整体布局等信息。所以参考咨询工作承担着图书馆的服务指引工作，其工作内容十分琐碎。

（2）图书、期刊等馆藏文献的定位和咨询。在读者利用图书馆的过程中，经常会发生找不到图书、期刊这些馆藏资源的情况。有些是读者对于图书馆不熟悉造成的，有些则是其他原因造成的。咨询人员应根据具体情况给予帮助和解答。

（3）向读者简单介绍检索方法和检索工具的使用。对于不了解图书馆文献信息资源分类情况的读者，咨询人员在做咨询解答时要对读者进行必要的图书分类介绍。对操作容易的检索工作，也应向其演示使用方法，以培养读者自我服务的能力。

（4）专题性参考咨询工作。对于较专业化的课题或研究项目，需要图书馆提供专题服务的，图书馆应根据实际情况，组织相应的人员来完成。

（5）读者咨询工作的反馈总结。对于咨询工作中经常遇到或常见性问题，咨询人员应有计划、有目的地进行总结，建立起反馈信息表，为以后的咨询工作奠定基础。

三、参考咨询工作的特点

参考咨询工作既具有其他读者服务工作所共有的属性，也有其自身特殊的个性。参考咨询工作从最初的一般的"帮助读者"发展到当代的"情报（信息）服务"，已成为读者服务中最为活跃的内容，并表现出以下特点：

（一）社会性

"社会性"是指参考咨询工作是一种开放性的服务系统，与社会息息相通。参考咨询服务是以协助检索、解答咨询、专题文献报道、情报检索服务等方式向读者提供其所需的文献和情报信息。随着信息社会的发展和计算机技术、通信技术、数据技术、网络技术等现代信息技术在图书馆的广泛应用，参考咨询服务的社会化程度日益加深，服务的范围进一步扩大。网络技术的应用使图书馆的服务对象不再局限于馆内读者，而是扩大网络终端的每一个用户。网络的日益普及，也使得图书馆成为网络中的一员和共享资源的一部分。

参考咨询服务，是一种开放性的社会服务系统，内容包括：

（1）咨询服务对象具有鲜明的社会性。参考咨询服务就是图书馆运用各种方法帮助读者解答在科研和生产中需要查阅文献资料而出现的疑难问题，为读者提供所需的文献和情报。随着社会信息化程度的不断提高及图书馆服务观念的转变，参考咨询服务的社会化程度日益加深，服务对象与范围进一步扩大。尤其是在开展了合作咨询和网上咨询服务以后，其服务对象已不再限于馆内读者，本社区乃至跨地区、跨国界的有关用户都可能成为服务对象。

（2）咨询队伍具有鲜明的社会性。由于科学技术的发展，科学知识与信息资源急剧增长，光靠一个图书馆的力量已无法单独完成各种资源库的建设及解答各种咨询问题，更谈不上对各种咨询软件的研制与开发。知识与资源的共建共享势在必行，咨询队伍建设的协作化与社会化进一步发展，出现了跨地区、跨国界的合作咨询。

（3）咨询服务内容具有社会性。随着图书馆日益融入社会信息化的浪潮之中，参考咨询服务的内容也由过去以学科咨询、专业咨询为主转向为广大用户提供涵盖学习、生活、工作等方面的各类社会化信息，以最大限度满足用户日益增长的信息需求。

由于用户信息需求具有多元化和个性化的特点，图书馆参考咨询服务的内容也从以学科咨询、专业咨询为主逐渐转向为广大用户提供遍及政治、经济、社会文化以及个人爱好等方面的各类社会化信息。这种新的态势使得单靠一个图书馆的力量有时很难回答用户所咨询的问题，必须借助外部力量，以共同应对综合性课题的解答任务。因此，无论是咨询队伍还是服务对象，都具有鲜明的社会性特点。

（二）实用性

参考咨询服务的出发点和归宿，是为了满足社会需要，解决用户（读者）在生活、工作和学习中遇到的实际问题。从参考咨询工作的效果来看，具有一定的实用性。

（1）读者在实际生活、工作和学习中，必然会碰到各种各样的问题，则参考咨询馆员就能帮助读者获取资料和利用图书馆资源，为读者查找资料节约大量时间。

（2）参考咨询服务还有利于深入开发文献资源，提高文献资源的利用率，为科技人员、领导决策和企业发展提供丰富的文献资源和动态信息。例如，随着图书馆情报职能的增强和现代化技术的应用，高校图书馆从优化资源配置、提高服务质量、方便读者等方面入手，在保证为高校的教研工作提供服务的基础上，扬长避短，立足实用参与社会情报服务，为社会提供实用易得的经济信息服务。

（3）参考咨询服务突出体现了图书馆的情报职能与教育职能，它所表现出来的工作水平与开发能力反映了图书馆服务质量的优劣，参考咨询工作的社会价值体现在工作效率、社会效率和为经济建设服务的效益等方面。

（三）针对性

从参考咨询服务的目的来看，它具有很强的针对性。参考咨询主要针对读者的学习、工作与生活中所遇到的问题，提供文献信息服务，以满足读者越来越个性化的服务需求。读者需求是开展咨询服务的前提，所以调查了解读者的信息需求是开展参考咨询服务的基础。各类型、各层次的图书馆的服务对象是不同的，参考咨询应根据图书馆的方针和任务开展读者需求调查研究，以分清工作的轻重缓急，明确服务重点。

（四）服务性

服务性，即参考咨询工作从本质上说是一种知识信息服务。图书馆业务工作内容广泛、环节众多，但同时又是一个由一系列相互联系的工作环节组成的有机整体。其工作一般包括藏书建设与读者工作两大体系。参考咨询工作属于读者服务工作范畴，而读者服务工作岗位作为图书馆的一线岗位，是图书馆直接为读者提供各种服务的窗口。图书馆本身是一个文献信息服务机构，其自身的服务性也正是通过图书馆整体业务活动来体现的。参考咨询服务作为图书馆开展服务的一种重要方式，是图书馆传统读者服务工作的延伸和发展。

（五）多样性

从参考咨询的内容和形式来看，参考咨询呈现出多样性的特点。

（1）读者咨询的问题多种多样。有来自社会各个部门的咨询问题，也有涉及学科领域的专门问题；有综合性的咨询，也有专题性的咨询；有文献信息咨询，也有非文献信息咨询。当然，并非读者提出的一切问题，图书馆都应给予解答，只有属于图书馆服务范围的问题，才是参考咨询的服务内容。

（2）参考咨询形式多样化。从读者提问的形式看，有到馆咨询、电话咨询、信件咨询、网络咨询等多种形式；从馆员对具体问题所采取的方式看，有文献检索方法辅导、提供查找文献线索、提供原文、定期提供最新资料、提供专题研究报告等。

（六）智力性

从参考咨询所需的技术来说，它属于一种知识密集型的智力劳动。参考咨询工作是图书馆员与读者之间进行的知识信息的传递、交流与反馈的智力运动过程。参考咨询服务往往涉及研究性、探索性的工作，如综述、述评、专题研究报告、动态分析、社会预测报告等，这些工作也是一种智能化的科学劳动，它要求参考馆员具有广博的知识和较强的综合分析能力，否则是不可能胜任这种智力劳动的。当今，图书馆一般都设立了专门的部门并安排专门的工作人员，从事定题跟踪服务，专题文献调研，编制专题文献书目、文摘、论文索引或特定的资料汇编等工作。

图书馆参考咨询服务不像外借流通服务那样直接简单地为读者提供原始文献，在解答读者咨询问题中，除少数的咨询问题可以仅凭借图书馆工作人员的知识和经验就能立即回答外，大部分问题都要通过将对文献的检索、加工、整理、分析、研究等活动结合起来，以文献查找、选择与利用为依据，向读者提供具体的文献、文献知识和文献检索途径才能解决。它是一种复杂的、学术性较强的、对服务人员素质要求较高的服务方式。

四、图书馆参考咨询工作体系的内容

（1）咨询对象。不同的图书馆具有不同的任务与用户群体，参考咨询工作需要根据图书馆的根本任务，分析用户群体的构成、需求特点，确定参考咨询服务的对象。

（2）服务内容。在用户需求分析基础上确定参考咨询工作的服务内容和服务形式。目前，图书馆提供的咨询内容丰富多彩，形式多种多样。在服务内容上，有针对图书馆的基本情况的问题，如馆室结构、藏书布局、机构设置、服务项目（包括基础服务和扩展服务）、开放时间、规章制度等方面的一般性问题；也有比较专深的检索类问题，还有各种宣传活动和专题讲座等，如各种信息发布、信息资源的宣传、文献检索方法的培训、网络资源导航、观看录像、组织实地参观、文件传输和视频点播服务、学术讲座、专题展览等。

此外，文献资源的数字化建设和专题数据库建设也是参考咨询的重要内容。在服务形式上，馆员与用户互动，有面对面的交流、通信、电话、传真、E-mail、虚拟咨询台等。各馆面对的用户群体不同，其信息需求也不同，参考咨询服务的内容应根据用户的实际需求进行选择。

（3）参考咨询员。参考咨询员是咨询的主体，是整个咨询体系中最活跃和最具决定性的因素。一般大型图书馆都设立专门的咨询部门，配备专职的参考咨询员，开展各种咨询服务。参考咨询员的业务素质和工作态度对咨询的成败和质量的高低具有决定性的影响，因此，选择优秀的参考咨询员是咨询工作成败的关键。

（4）参考信息源。参考信息源是开展参考咨询工作所必备的各种常用文献资源，包括各类检索工具书和电子资源。对于一些简单的常规性问题，咨询人员通常可以凭借自己的知识和经验即可即时解答，但是对于比较复杂和专深的问题，咨询人员必须借助一定的咨询信息源才能做出解答。这些咨询信息源通常包括各种工具书和数据库，但在必要时还须综合运用多种文献信息资源。即使是针对用户在利用图书馆场所、设施和组织策划服务中提出的咨询问题，有时也需要一些特殊的咨询信息源，例如，有关该项服务的介绍资料、服务制度和规定、设施设备的使用说明、成功案例资料、合同样稿、多媒体演示系统等。

（5）参考咨询平台。参考咨询工作要有一定的场所、设施和其他技术手段来支持，它们的总体可以视为一个参考咨询平台。参考咨询平台包括参考咨询服务台、参考工具书、电话、电脑、打印及网络设备、文献资源数据库等。图书馆一般在馆内设置总咨询台，并配备专职或兼职的总咨询员。总咨询员应对全馆的基本情况和各业务部门的服务内容和程序都有比较深入的了解，并且最好能够熟练使用各种工具书、熟悉本馆目录系统和常用数据库的基本检索方法，以备用户对这些问题的咨询。

（6）咨询规范。咨询规范规定了开展咨询工作的方法、程序和制度。咨询规范的内容主要包括：咨询服务管理办法、咨询受理和服务程序、用户咨询须知、咨询服务公约、咨询收费标准、咨询合同和咨询报告的标准文本格式、咨询档案和咨询统计管理制度以及图书馆的相关规章制度和国家的相关法律法规等。对于一些特殊性质的咨询工作，还必须遵守国家有关的专门规范，例如，科技查新咨询就必须严格执行科技部制定的文件的规定，建立一套完善的咨询规范体系，对咨询工作进行规范化管理，这是提高咨询服务水平的重要保证。

第二节　现代图书馆咨询用户分析

一、图书馆参考咨询用户的类型

咨询用户是咨询业的服务对象。图书馆参考咨询用户的类型如下：

（1）根据咨询用户所从事工作的学科性质进行分类，可分为：①社会科学用户。包括从事社会科学研究、教育、管理等方面的人员以及文化、艺术等方面的实际工作人员。②自然科学用户。包括基础科学、应用科学的研究人员、工农业生产技术人员、医生等。

（2）根据用户信息需求的表达情况，可分为正式用户和潜在用户。

（3）根据用户对信息的使用情况，可分为过去用户、目前用户和未来用户。

（4）根据用户具备的能力和水平，可分为初级用户、中级用户和高级用户。

（5）根据对用户提供信息服务的级别，可分为一般用户、重点用户和特殊用户。

（6）根据用户信息需求的方式，可划分为借阅用户、复印用户、咨询用户、定题服务用户和翻译用户等。

二、咨询用户的信息行为

咨询用户的信息行为是信息使用者自觉地为解决问题而获取和使用信息的活动。对用户的这种信息行为的理解，可从行为的主体、外界刺激、目标和主体的活动等方面做出较为明确的界定。

（1）行为的主体当然是咨询用户而不是信息的生产者。

（2）信息使用者行为受用户的主体工作和外在的信息所激励，是一种与需求直接相联系的信息目标活动。信息本身对信息使用者的意义，对其信息行为的产生有着重要的影响，处在一定环境下的使用者，在社会、个体、自然因素的作用下必然产生某种信息需求，而这种需求有明显的对象性，即指向具体的信息。

（3）咨询用户的目标是解决问题。为此目标，咨询者会确定相对具体的阶段性目的。如通过咨询再进行检索、吸收、使用所需信息，通过整个过程的各种阶段性目的的实现，使问题得到解决。

（4）信息使用者的咨询活动是其动机驱使的结果，它以动作为基本组成部分。动作就是由于动机的激励而指向并服从自觉目的的过程，是运用必要的条件对各种刺激的反应，因而它直接取决于达到目的的条件。

三、咨询者信息行为的实际意义

咨询者的信息行为是信息需求得以满足的必然途径。他们所需的信息来源：①自己直接查寻所得；②别人供给包括通过咨询得到的信息。前者有信息查找行为，后者有信息接受和吸收行为。咨询工作虽然是被动的，但却是对信息使用者的直接服务，而咨询者的信息行为是他们解决问题的重要组成部分。咨询者为了解决决策、生产、教学、科研等工作中的实际问题，需要经常到图书馆或其他咨询机构进行咨询活动。虽然他们对本专业、本领域非常熟悉，但对浩瀚的信息，有时也会感到无从下手。这就需要工作人员协助查找，解答他们所咨询的问题。咨询工作之所以存在，并不断发展，其基础是我们在实际工作中有需要它解决的矛盾。这种矛盾产生于广大咨询者对信息的需求和他们对所需信息了解不足的现实情况。咨询工作就是为解决这些难题和矛盾而展开的。咨询工作人员只要善于开发信息资源，就能有针对性地向信息使用者提供有用的和最新的信息，使他们得到更多的各种相关信息。

咨询者的信息行为始终伴随着其主体工作发生，研究信息行为应与研究主体工作行为相结合。咨询者的信息行为也是一种目的性很强的主动行为，对人的信息行为可以从总体上控制和优化。咨询者的信息行为同时也是信息市场行为的表现。他们的信息咨询和接受行为在信息市场中表现为信息需求行为，信息吸收和使用行为表现为消费行为。市场行为的体现是供需双方的交易行为，交易行为的直接目的是满足需要，而间接目的之一就是激发信息消费行为。

此外，咨询者往往不能完全确切地说明其需求，因此，通过书面方式比口头方式更能准确地描述咨询者的信息需求。在用户表达所咨询内容时，咨询服务人员尽量不要启发和诱导，这样有助于咨询用户对信息需求描述的真实性。咨询服务人员也要善于对用户所提出的信息需求说明做出正确的理解和描述。

四、图书馆不同咨询用户的信息需求

（一）咨询用户与信息需求类型

咨询用户的信息需求是发展变化的，是客观存在于现实生活中的一个复杂现象。咨询用户的信息需求不仅受国家、社会、历史等环境的影响，也会受到其知识水平、业务素质、职业、心理、习惯等诸多因素的制约。不同类型的咨询用户，其所处的环境和所承担的责任和任务不同，也反映着用户需求的特性和不同点。我国信息咨询用户类型很多，分布也比较广泛。各类用户都有自己不同的信息需求的特点。

1. 社会科学领域中工作者的信息需求

社会科学研究的任务是通过对社会现象的研究，探索社会规律，指导社会实践，是为改造社会和人类本身提供理论依据，是指导人类从事各项社会活动的一项创造性工作。社

会科学领域的研究成果，绝大多数不表现在某些具体的发明创造上，而是集中反映在文献中。因此，社会科学研究人员的信息需求有以下特点：

（1）重视和依赖文献信息。社会科学文献是社会科学研究成果的直接体现，是社会科学研究的主要依据和信息源，是评价研究者功过是非的主要凭证，也是衡量一个国家社会科学发展水平的重要尺度。从事学术性研究的人员一般侧重于使用专著和期刊论文；从事动态性研究的侧重于使用报刊，广播等信息来源，同时动态性研究和学术性研究都要结合使用口头交流、广播、电视等多种信息渠道。

（2）所需信息的时间跨度较大。社会现象是动态的，有其自身的发展和形成过程，人们的认识也有一个逐步深化的过程，因此，社会科学研究周期一般来讲要比科学技术研究周期长，从现象的发现、观点的提出、理论的形成到经过实践检验往往要经过一个较长的时间才能完成；再则，社会科学信息本身也具有一个较长的半衰期。所以社会科学研究者所需要的信息时间跨度大，不仅需要了解新的信息资料，而且必须重视各个不同时期有关该课题的历史文献。

（3）要求提供系统、完整的信息。由于社会现象的复杂性以及缺乏自然科学所具有的可靠检测手段，社会现象和人们的思维活动又经常处在不断的发展变化之中等原因，在社会科学研究领域中新的研究成果往往不能简单取代原有的研究，形成不同的研究成果并存的局面。因此在社会科学研究中必须了解历史和现实发展的全过程，全面、系统、完整地掌握与研究课题有关的信息，要求提供不同时期、不同类型、不同形式、不同学派、不同观点的能基本反映课题发展全貌的文献，并对此加以分析比较。

（4）所需信息涉及面广。由于社会现象之间存在着各种联系，学科之间互相渗透，因此使得社会科学研究人员所需的信息往往超出特定的学科范围，学科范围在不断扩大，目前他们不仅要掌握该课题所属学科的信息资料，甚至直接需要某些自然科学方面的信息资料，这不仅表现在哲学研究中，而且表现在其他学科研究中。

（5）所需信息具有一定的政治评价与选择标准。社会科学研究带有鲜明的阶级性，在信息需求上自然也表现出这一特点。

（6）重视通过二次文献及各种途径查找所需的信息资料，科学研究人员除通过口头咨询外，各种书目索引也是检索文献资料的重要工具，此外，往往还要通过浏览核心期刊、书评等发现有价值的信息。

2. 高校用户群体的信息需求

高等学校是知识和人才高度集中的地方。从其用户来看，可分三个层次：①管理决策层，主要指分管教学、科研工作的校、院级领导和科技职能部门的领导；②担负教学、科研工作的教师；③广大在校大学生。

管理决策层是高校教学科研工作的管理者，他们关心国内外政治经济形势，非常重视对党中央、国务院方针、政策的学习，也特别关注教育部有关重要指示。希望了解国内外科技发展的动态。对提供的信息质量要求比较高，希望得到的信息具有全面性、开拓性和指导性。

教师可分为社会科学专业教师和理工专业教师两种，在信息需求上有着较多的共同点，所不同的仅仅是学科性质的差异。

（1）社会科学专业教师的信息需求具有以下特点：

第一，信息的学科范围比较固定，主题明确。社科方面的教师在自己所从事的学科中所需的信息总体来说比较稳定，而且往往以比较明确的方式表示出来，容易被信息部门察觉。

第二，社科教师在实际工作中，所需求的信息基本上都是比较成熟、可靠的，所以非常重视所需信息的准确性和可靠性。又因为社科教师所从事研究工作时的信息需求和社科研究者基本一样，所以也很重视其专业信息的全面性、系统性、完整性和及时性。

第三，在信息获取方式上，教师一般习惯于自己亲自查阅文献资料，并和相关同事讨论工作中的问题，更重视利用图书馆索取有关信息。

第四，在信息选择上，一般比较重视对综述性和二、三次信息以及题录的获得。

（2）理工科教师的信息需求有如下特点：

一是信息需求的范围比较广。理工科教师不仅需要从事科研活动所需的必要的有关信息，而且需要承担教学工作的有关信息。由于理工科教师的科研和社会科学研究活动有着明显的差异，相对而言，理工科教师信息需求的范围要广一些，内容丰富一些。

二是所需信息的学科、主题比较明确和固定。在本学科内他们的信息需求有一定的阶段性。

三是十分注重信息的可靠性和成熟性。这一特点主要表现在他们的教学工作中。

四是理工科教师在科学研究工作中的信息需求基本与工程技术人员的信息需求相同。

（3）在校大学生群体中，既有重在培养创造能力和实践能力的博士、硕士研究生，也有重在工程型人才的本科生。其信息需求一般具有以下特点：

第一，需求的信息重点明确。因受所学专业、选择课程的影响，所以有关专业的教科书，专著和参考工具书，教学参考资料是他们需求的主要对象。另外，购书、复印资料也是其获取信息的方式之一。

第二，需求的信息有较强的阶段性和规律性。信息需求随着学习的逐步深入和课程的变化有规律地变化。

就目前情况看，在校大学生所需信息的类型虽然比较单调，但就以后的发展来看，学生将成为重要的信息咨询用户，这是因为他们所需的信息量会越来越大，类型也会越来越复杂；获取信息的方式日益多样化，将会成为信息咨询部门的主要服务对象。

3. 从事经济、文学、艺术、新闻、影视等部门工作人员的信息需求

从事经济、文学、艺术、新闻、影视等工作的实际工作人员的信息需求是由他们所从事的工作和其职业要求决定的。

（1）需求的信息涉及范围较广。他们虽然只从事某一方面的工作，但与其他学科或

多或少地有联系，互为影响。例如，新闻记者虽然只从事新闻报道工作，但却与政治经济、历史地理、文学艺术、科学技术等密切相关。因此，他们对相关方面的信息需求广泛。

（2）需求的信息有较大的多变性。随着工作任务的变化，他们所需求的信息也会随着工作内容的变动而变化，一般而言，他们总是围绕着工作任务获得所需信息。

（3）需求的信息有其多样性并要求尽快获得信息。在实际工作中，他们不仅需要文献信息，而且更多需要具体的信息，如社会发展方面的信息、事实信息等。并希望能迅速取得与实际工作相关而必要的信息资料。

（4）需要信息咨询人员更多的帮助。从事政治、经济、文学、艺术、新闻、影视的实际工作者往往缺乏利用信息的系统知识，利用信息服务的频率不及其他用户，所以他们在实际工作中更多地求助于信息咨询服务人员的主动帮助。

4. 科学研究人员的信息需求

科学研究包括基础科学研究、发展研究、应用研究三个层次。研究的主要任务在于探索自然界各种物质运动的基本规律，揭示各种自然现象之间的联系，开拓新领域、发现新原理，预测新动向，为解决自然科学中的实际问题提供理论依据。

科学研究人员的工作性质决定了其信息需求具有以下主要特点：

（1）所需信息的学科范围较窄，内容专深。科研人员多集中在一个专深的领域从事研究开发工作，所以，科研人员的信息需求一般不超出他们从事研究的某一门学科的范围。在本学科范围内，研究工作可能会遇到意想不到的困难和挫折，这就使得研究人员所需求的信息内容会越来越专深。而通过信息途径来寻找借鉴和启发，是科研人员坚守的原则和自觉行动。而当今学科之间的相互渗透也引起了科研人员知识结构的变化，使他们产生了对相关学科信息的需求，扩大了所需信息的学科范围，但是这毕竟是伴随着专门化而出现的，其信息需求总特征仍是范围窄而内容深，这一点与社科研究人员的信息需求稍有不同。

（2）要求信息的系统性、完整性与准确性。科研工作的本质就是继承古人，承鉴他人，探索未来，这就决定了科研人员要系统地掌握完整的课题信息，由于这些信息是科研工作的依据，因而要求信息系统、完整和准确。

（3）对信息需求有明显的阶段性。一般而言，科研工作的进程大致可分为三个阶段，即计划准备阶段、实施阶段和鉴定成果阶段。

1）在计划准备阶段，科研人员当务之急是确定选题，明确工作方向，指出科研所要达到的目标。为此须查询资料，选择突破口，进行文献信息准备；了解国内同行的研究活动以及国外同领域有哪些新进展，避免信息滞后而出现的重复劳动。在计划阶段，科研人员主要侧重于总括、综述性的综合信息。

2）在实施阶段，主要是要解决怎样做的问题，需要"研究方法"方面的诸多信息。

3）在鉴定成果阶段，要对科研课题做出一个公平的评价。要了解有关同类内容的信息，通过横向比较，判断一下最初提出的科研目标是否已达到当初设计的要求，鉴定成果阶段则需要横向比较的信息。这三个阶段分段明显，但彼此相联系，科研人员在不同阶段需要不同的信息。

（4）获得信息的方式具有多样化，信息需求广泛。对科研人员来说，通过各种正式渠道获取信息是重要的，但是非正式渠道得到的信息也会有画龙点睛之功。一切信息源只要载有最新的科学知识、科学成果，都是科研人员涉及的信息。除中外文期刊、图书、会议文献之外，交流也是其获得信息的主渠道之一。他们经常参加一些讨论会、讲座、鉴定会，从中吸收一些有用的信息或充实自己的科学研究、或修订自己的实验方法。在不同时期所获信息量的基础上，保证科研工作的质量。另外，科研人员对信息咨询部门最大的要求是为他们提供文献信息线索，并为其查阅原文提供方便。

（5）信息需求难以预见，不易表达清楚。由于自然科学研究是探索未知的活动，科学研究人员往往难以预先准确地表达自己的信息需求。他们在实际工作中不断提出一些检索要求，因而信息咨询部门对其信息保证的难度较大。

（6）由于科研工作的特殊性，所以对信息咨询服务的期限要求不如工程技术人员那样严格。

（7）对信息咨询服务的时间跨度介于社会科学研究人员与工程技术人员之间。

（8）从研究人员利用信息类型来看，科学研究人员需求最多的是理论性较强的一次文献和原始资料。期刊、图书、考察与调查报告、科技报告、专利文献、会议文献等是主要信息源。

对我国科研人员来说，从事基础研究的科研人员所需信息源主要在期刊、学位论文、科技报告、考察与研究报告等及一些相关的标准，专利文献等。而从事应用和开发研究的科研人员主要需要有关新产品、新技术、新工艺等方面的具体信息，包括技术期刊、标准、专利、样本、图纸、技术报告、实用手册及物化信息，而对学位论文、会议论文需求较少。在满足科研人员信息需求上，他们对信息服务机构的借阅服务和文献复制服务满意度比较高，但对咨询服务、定题服务和信息咨询研究服务的满意度较低。

5. 工程技术人员的信息需求

工程技术人员是既数量多，信息需求也较为复杂的一类信息用户。他们的职业特点和专业性质决定了他们的信息需求具有明显的行业特征，其信息需求主要有以下特点：

（1）信息需求有特定的，集中的专业方向。工程技术人员总是围绕着自己特定的行业和专业查询信息。在专业方向集中的前提下，他们需要涉及许多学科和技术范围的信息。如电气工程师总是围绕电气工程专业方向去掌握有关产品原理、产品设计、制造工艺、原材料、能源环境以及市场和法律等方面的信息。

（2）就工程技术人员所需信息的类型而言，重点是有关新产品、新技术、新工艺、新材料等方面的具体应用信息。一般这些具体信息有：技术期刊、专利文献、标准、产品样本、技术报告、实用手册、物化信息等。

（3）工程技术人员的信息需求十分强调信息内容的可靠性、准确性和新颖性。由于工程技术人员要解决的问题大都来自研制、开发和生产的实践，着重解决怎样做的问题，即着重解决在研制过程和生产实践中出现的各种问题。因而需要可靠、准确的信息帮助他们解决技术上的难题，又需要新颖的信息以使其研究开发工作避免重复他人工作，获得理想的经济效益。

（4）工程技术人员信息需求的时间跨度小、对信息咨询服务的期限要求严格。这是由其工作实践的时效性所决定的。一般情况下，工程技术人员总是希望在规定的期限内提供时间跨度不大的近期信息。

（5）工程技术人员对物化信息的需求量越来越大，重点信息是有关新产品、新材料、新工艺、新技术、新设备等方面的应用信息，特别在新产品研制和技术引进中，掌握这些信息是非常必要的。

（6）工程技术人员也比较重视从非正式渠道获取有关信息。工程技术人员的主要信息源是技术期刊、专利、标准、产品样本、技术报告、各种实用手册，实物、档案图纸等，其中需求量较大的是技术期刊和专利文献。除此之外，同行业间的交流、参观、互赠的技术报告等也是获取信息的渠道。

6. 医务人员的信息需求

医务工作者从事着防病、治病的任务。他们所从事的科研工作与其他科研工作有所不同，所以他们的信息需求有一些固有的特点。

（1）医务工作者由于经常面临临床中的某些特殊的、有待解决的问题，而需要获得诊治方法、病例以及药物剂量等方面的详细信息，所以对具体事实和有关数据信息的需求量较大。

（2）所需信息必须准确、可靠。医务工作者更加注重信息的准确性和可靠性。人命关天，所以准确性和可靠性是信息是否被采用的前提。

（3）医务工作者由于其职业的特殊性，决定了所需信息必须以最快的速度获得。这是其他咨询用户所不能及的。

（4）在我国，不少医务工作者是通过各种交往获取信息的，因此非正式渠道的交流也是医务工作者获得信息的一种方式。

（5）临床医生和从事医学研究的专家对文献信息源的需求也有所不同。

医生对文献信息的需求按重要性依次为：国内医学杂志、国外医学杂志、专著、科学著作汇编、会议文献；从事医学研究的专家对文献信息的需求按重要性依次为：学术会议资料、学位论文、教科书、科学研究和试验工作报告，考察报告。

7. 决策者、领导者和管理人员的信息需求

决策者、领导者和管理人员是指国家各级政府机关、科研机构(院、所)、设计部门、农业部门、工矿企业、经济实体等方面的各级领导人员和管理人员。他们在各自的岗位上以特有的方式从事复杂的社会活动。这类人员从事的工作是：体制改革、各级计划、规划

的制定与管理；各级政策的研究制定；参与不同层次的各项决策活动。

决策者、领导者及管理人员的工作具有的特点包括：①与形势任务结合紧密，时间性很强；②工作范围广、层次多、工作忙、事务性较强；③宏观战略指导性和政策性很强，责任重大；④基本上依靠经过评价的完整的资料和数据；⑤寻求的是可供选择的数种方案，而不是答案。

及时、可靠、适用的信息是他们进行决策和科学管理的依据和基础。虽然决策者、领导者和管理人员有层次高低之分，但其职业特点使其信息需求具有共性。具体来说有：

（1）对信息内容的需求具有广泛性、综合性、特别关注有关发展战略，宏观决策和管理咨询等方面的信息。在日常工作中，上述人员所需包括政治、经济、科学技术、法律、管理、市场、资源、环境等多方面的多种信息。涉及哲学、社会科学、自然科学许多分支。

（2）需要经过专业信息分析人员筛选、评价、整理和浓缩过的信息，要求最小信息冗余量。

（3）所需信息必须是准确的、可靠的、及时的、有针对性的。要求信息必须有必要的事实和数据。任何主观信息、虚假信息或过时陈旧信息都将为领导决策和管理工作带来不良影响。

（4）所需信息应该是完整的。各级领导及管理人员非常注重信息的全面性、系统性和完整性。唯有如此，才能统揽全局。

（5）信息必须与领导者、管理者的工作特点和任务相符。这一原则又称为"方向目的性原则"。因此，最新动态信息是这类人员要求的重点。

（6）信息需求不太专深。所需信息要符合简易性原则，内容专深的信息（如科技专业性信息）对他们没有太大的意义。相反，简单明了，易懂可靠的实用信息才是他们所需要的。

（7）所需信息主要通过信息服务人员提供和从正式渠道获取。通过正式渠道的信息提供业已纳入管理工作范畴。如对于现代企业，其管理决策主要通过正规化的管理系统作保证。

8. 企业管理人员的信息需求

企业管理人员是企业的组织者和决策者，其主要工作是确定企业的发展，制订企业发展规划，进行企业经营决策，对企业进行科学管理，而不从事具体的科学研究工作、设计工作和生产工作。信息沟通是企业这个由人、财、物等多种因素组成的经济综合体内物质和能量合理流动的基础，是发挥企业各种要素效能的必要条件，对于企业管理的功效提高有着明显的能动作用。企业管理人员的信息需求的一般特点是：

（1）信息需求量大、面广。主要表现在经济趋势、企业规划、市场走向、价格动态、组织管理、人员结构、科技水平、材料供应、设备情况、环境保护等方面。

（2）需要准确、新颖而且简明扼要的信息。任何主观性信息或误传的信息都会给企业管理人员的经营管理和决策带来严重后果，所以企业管理人员需要的是经过深度加工、仔细分析、正确评价以后的实用性浓缩的信息。

（3）企业管理人员也非常重视经济政策、经营管理、市场营销方面的信息，对本行业，尤其是竞争对手的各种信息十分敏感。

（4）所需信息源主要是三次文献。他们主要从信息人员在调查研究基础上编写的综述、述评、动态报道、预测报告、咨询报告中获取信息，而对原始文献信息、口头信息和实物信息需求量并不多。

（5）企业管理者一般通过正式渠道获得所需信息，他们要求信息人员要有针对性地及时提供有关信息，面对瞬息万变的市场，在对突发事件应做出反应时，更需要信息的及时、准确和迅速。

（6）企业中的三类管理人员，即从事日常业务管理人员、控制管理人员、经营决策人员，在主要信息来源、信息内容、信息范围、信息详略程度、信息新颖程度、信息准确程度、使用频率和信息加工等七个方面均有不同，表现出这三类管理人员不同的信息要求。

9. 农民的信息需求

（1）广大农民的信息需求。农民群体非常渴望技术型信息、政策法规信息、市场行情信息或者是一些见效快、实用性强、能够脱贫致富的信息。他们的信息主要来源于广播、电视、报纸、国家政策文件、用户反馈及购买实物等。由于他们对信息咨询机构缺乏认识，因而利用信息咨询机构很少。

（2）城市居民的信息需求。城市居民由于其年龄、性别、职业、经济收入、受教育程度、专业特长等不同，对信息的需求也各不相同。城市居民需求的信息主要是事实与社会新闻、卫生与健康知识、商品信息、生活知识与技能，对科学技术知识也有一定的需求，最多的信息来源于大众媒体，其次是公共图书馆或高校图书馆以及期刊、图书等。

（二）咨询用户信息需求的共同心理与规律

信息需求行为是非物质的，是一种精神需求。咨询用户在这种精神需求过程中常常表现出一种不平稳的心理状态，如咨询用户的个性心理、价值观念、信息意识等对其信息需求心理产生影响。为此咨询馆员应利用管理心理学的原理和方法来研究咨询用户的心理活动，指导咨询用户科学地利用信息。

1. 咨询用户信息需求的共同心理

（1）咨询用户的信息价值心理。从信息价值的角度讲，信息价值的大小，决定了咨询用户对信息需求的取舍。信息价值越高，咨询用户对信息的需求心理也就越强。

（2）咨询用户求便心理。人们在解决问题时，总是要找到一个比较便捷，并且令人满意的解决方法，这就是求便心理。反映在咨询用户身上，表现为其在咨询时总是要到距离较近，手续简便，容易获取信息，而且首先要到自己最熟悉，认为最方便的地方。例如，图书馆或科学研究机构的信息中心。利用信息时，越是符合自己习惯的越是方便使用的，越会得到优先、大量的使用。

（3）咨询用户求全心理。咨询用户总是特别希望咨询服务机构能尽可能完整地提供其所涉及的感兴趣的学科领域内的各种信息，也期望咨询服务机构有设置齐备的设施。

（4）咨询用户求新心理。主要表现为，在信息来源的选择上，以内容新，信息含量大为主。如专业期刊，因其出版周期短，信息量大、内容新，已成为咨询用户获取信息的主要来源之一。在利用文献信息的同时也注意利用媒介传播的信息。在信息的时效上，非常看重信息的时间性，要求咨询服务机构提供的信息时效性要强、时间间隔要短。咨询用户除了有其共同心理外，也有共同的规律。

2. 咨询用户信息需求共同的规律

（1）咨询用户信息需求的全面性。每个咨询用户都具有个人的，组织的和社会的多方面特征，通过信息咨询，每一特征都能激发相应的信息需求，并将其转为实际的信息行为。例如家长们不仅希望自己的子女学习成绩优良，还不惜代价送孩子上各种辅导班，学习音乐舞蹈、书法绘画、电脑网络等，希望孩子能全面发展。这类现象就表明了用户信息需求全面性的存在。

（2）咨询用户信息需求的集中性与分散性。按学科领域、载体、语种的分布是集中的，也就是说常用的信息比较集中，余下的信息又是比较分散的，为数不多的少量信息分布较广。

（3）咨询用户信息需求的阶段性。任何用户的工作，都具有明显的阶段性。工作的阶段性必然导致信息需求咨询的阶段性。如科研人员平时常规信息咨询，研究某一课题中遇到问题时的信息咨询，就在校大学生而言又分为四个年级，每个年级的学生都会根据自己在学习中所遇到的难题进行咨询。所以每个阶段的主要矛盾必然决定着用户在这一阶段主要的信息需求咨询的主要方向。据此可预测和分析特定用户信息需求变化的规律。

咨询用户的信息需求是一个涉及多学科的研究话题。深入进行下去，可发现更多的规律性。以这些规律性为指导，准确地分析和把握特定用户的信息需求，将会更合理地组织信息资源并最大限度地满足用户的信息需求。

五、网络环境下激发咨询用户的信息需求

（一）用户培训

提高信息服务机构人员的业务水平和信息保障系统的功能，无疑有重大意义。因此，信息机构可采取培训帮助、提供免费试用一段时间的形式，让咨询用户在这段时间内测试信息系统是否能满足需求，并据此决定是否购买其使用权限。开展对咨询用户的培训工

作，无论是对图书馆或其他信息服务机构的工作来说，还是对咨询用户来说都是重要的。

1. 对图书情报（信息）服务工作的意义

对图书情报（信息）服务工作而言，开展咨询用户培训的意义在于：

第一，对咨询服务的工作人员来说，有助于其业务水平的提高。一般情况下，咨询用户的培训工作是由负责咨询服务的工作人员来承担的。在实际工作中，他们要不断地研究新情况，掌握新技术，以适应培训咨询用户的需要。

第二，咨询用户培训工作的普及会使越来越多的人认识到信息工作的社会价值。确定信息工作者作为知识的开发者和传播者的社会地位，从而也有助于图书情报（信息）这一职业的社会地位的提高。

2. 对于咨询用户的意义

对于咨询用户来说，参加培训也有其现实意义：

（1）利于咨询用户对信息需求的表述。通过培训，咨询用户的信息意识会得到进一步提高，有助于唤起其潜在的信息需求，使其向实际需求转化并得以表达出来。

（2）能更有效地利用现有文献信息资源。通过培养，能提高以文献信息检索为主的综合性信息能力。在实际工作中，一旦需要，他们将自发地、主动地通过所有可能的途径开发文献信息资源，获取所需的信息。

（二）建立与咨询用户的协调机制

图书情报（信息）服务部门的目光不能仅仅盯在本机构内部的运行和机构所接触到的需要上，应走出去，走进社会，参与和辅助信息用户构造自己的信息系统，参与或主持对社会群众各类信息资料、技术的管理和协调。

（三）注意捕捉咨询用户的需求，灵活服务方式

咨询用户的普遍心理是就易繁难。图书情报（信息）服务部门可以伸展出去，利用各种信息渠道主动融入咨询用户的信息交流网。利用网络咨询、网络导航、信息主动推送等方式，以灵活、形象、直观的形式来表现服务，来抓住咨询用户的注意力。

总之，在网络环境下，信息系统的建设、信息服务是与信息需求和行为研究分不开的。信息需求的研究对帮助咨询用户克服信息交流的障碍、解决信息资源的广泛性和信息利用之间的矛盾，使信息资源的充分开发和有效利用得到有机的统一具有重要意义。应当把激发信息需求行为的战略思考重心放在咨询用户身上。

第三节　现代图书馆参考咨询的形式

一、传统咨询形式

传统咨询形式是指使用计算机技术和网络通信技术之前的参考咨询形式，它是相对于现代网络咨询形式而言的，常见的有咨询台服务、电话咨询和书信咨询三种形式。

（一）咨询台咨询

咨询台咨询是一种简捷便利的深受读者欢迎的服务形式，按照问题的难易程度、资源利用方式以及文献专业类型等标准划分，有总咨询台和学科专业咨询台两种形式。

1. 总咨询台形式

总咨询台咨询一般在显眼的位置如大厅设置咨询台，接受到馆读者的咨询，为用户解答简单问题并引导用户接受进一步的咨询服务。这种馆员与读者面对面的直接交流方式，非常有利于了解用户的信息需求，做好图书馆宣传、接待、引导工作，解答到馆读者的口头咨询，也同时接受读者的电话咨询。总咨询台形式受到时空的限制，具有很大的局限性，仅在工作时间向到馆读者提供服务。

2. 专业咨询台形式

专业咨询台一般分散在各个专业阅览室，并在人力、资源等方面进行对应的配置和分布。专业咨询台服务模式以人力资源和信息资源的纵向分类为特点，适应了用户解决问题的需要，不但使服务效率和服务的友好性有了提高，而且在服务的深度方面优于传统的横向分配的服务模式，是咨询服务朝专业化、个性化方向发展的一种方式。

3. 咨询台形式咨询的注意事项

（1）热情接待读者。接待读者贯穿于咨询过程的始终，既有读者提问时的交谈，也有解答咨询时的沟通，因此是一种双向的、相互作用的行为，双方居于平等的地位。参考咨询员能否以适当的言语、得体的举止接待前来咨询的读者，直接关系到咨询工作的质量，而自始至终表示出对读者的提问感兴趣是参考咨询员必须做到的。参考咨询员应站在容易让读者看到的位置，随时准备以点头、微笑等形体语言向前来咨询的读者做出友好和欢迎的表示。参考咨询员友善的言行是对前来咨询的读者的一种鼓励和支持，特别是对于性格比较内向的或略有生疏和紧张情绪的读者，更应给予这种鼓励和支持，使他们消除紧张心理，敢于询问，以顺利地开始双向交流。

（2）仔细聆听读者提问。读者提出的问题深浅不一、五花八门，无论哪一类问题，参考咨询员都应认真倾听，并以适当举止表示出是否已理解了读者的提问，如点头示意，或对未听清的问题作简要的询问，这都有利于营造一种和谐的氛围，以得到读者的信任和认可。

在倾听提问或解答提问的过程中，应注意脸必须对着读者，态度自然、从容，语气平和亲切。要允许读者用自己的话表达想法，不要急于插话或打断读者的问话。必要时，双方可借助眼神、形体动作、画简图等方法帮助表达意思。在对读者的想法不甚明了的时候，参考咨询员可以重复一下读者的问题，或表述一下自己对该问题的理解，让读者做出肯定或否定，以使双方对此问题达成共识。在咨询过程中，参考咨询员不能表示出不屑一顾或满不在乎的神情，因为参考咨询员认为简单的问题对于某个特定的读者来讲，也许是最重要的。

（3）查找信息。现场解答的咨询问题一般是比较简单的，通过查阅一二种检索工具或其他馆藏即可获得答案。在弄清了读者的提问后，参考咨询员需要尽快做出判断，确定采用哪种检索工具或使用哪种检索方法，使查获答案的可能性最大、而实际检索的工作量最小，以便能迅速准确地答复读者。如何针对不同的提问选用不同的工具书，这不仅是一个理论问题，更是一个实践问题。参考咨询员要了解各类工具书的特征，主要的收录内容，基本的检索方法，同时应注意在实践中做有心人，逐步积累经验，必要时做些书面记录，以备将来遇到类似问题时参考。但是工具书一般具有信息滞后的缺陷，有些问题是无法通过工具书解决的，特别是一些动态性的信息，这时需要查阅报刊，或通过网络检索来查找。

（4）解答问题。参考咨询员通过各种途径查找到读者询问的信息后，要清晰明了地向读者做出解答。在解答问题时，咨询解答要通俗易懂，尽量避免使用读者难以听懂的图书馆专业术语；一个令人满意的答案应该是正确的、完整的。正确与否取决于答案的准确度，而完整与否则意味着是否向读者提供了与该问题有关的最主要的信息；在问题解答的过程中，有利于读者了解参考咨询员通过哪些技巧从馆藏资源中检索而得，指导读者熟悉具体的参考资源，同时还表明提供答案的工具书对答案负责任。如果参考咨询员没能找到读者需要的答案，可以向读者说明自己的查找过程，包括所用的工具书和检索词，以取得读者的认可和谅解。这样即使读者决定继续查找或求助于其他图书馆时，不会重复以往的工作。如果参考咨询员确信从其他机构或图书馆能够获得答案，应进一步向读者指示信息源，指示的信息源应尽可能完整，包括机构名称、地址、电话号码等，必要时打电话予以落实。参考咨询员并非对每个问题都回答，但对于不能回答的几类问题应明确列出，并向读者进行必要的说明。

（二）电话咨询

"图书馆电话咨询服务是通过电话这个媒介直接或间接与读者沟通并提供服务的举措。"[1] 电话咨询对问题的解答更快、更及时，对参考咨询员的语言表达能力和心理素质的要求也更高。在电话咨询过程中，读者看不到馆员查找信息的过程，在等待参考咨询员的解答时比较容易产生急躁情绪。

为了能较顺利地解答读者的提问，咨询部门应做好以下工作：

1. 电话的接听技巧

电话咨询中，声音是唯一的交流工具，咨询人员声音的清晰悦耳，态度的亲切热情是体现服务质量的重要方面。在接听电话时，咨询人员要主动招呼："您好，请讲""您好，这里是图书馆电话咨询部"，有利于营造友好合作的气氛。在聆听读者咨询问题时，要保持思维敏捷，边听边记录，善于从短短的交谈中快速判断读者遇到的问题，弄清楚什么是已知信息，什么是要求的信息，根据已知信息确定检索的主题，而根据其要求确定检索的范围和方向。

2. 良好的心理素质和应变能力

电话咨询人员应具备良好的心理素质和应变能力。虽然社交软件、网站等工具已经占据人们日常的通讯工作，但电话依然是必要的通讯方法之一。在电话咨询过程中，电话咨询人员上岗前要做好较充分的心理准备，能灵活地处理各类电话，有较强的心理承受能力，善于借助语言准确地表达思想，有化解矛盾的能力，使电话咨询的过程成为一次双方不见面的愉快的合作过程。

3. 限制电话解答时间

电话咨询主要提供容易获取的事实或数据信息以及进行馆藏介绍，为了保证通信线路的畅通，有必要对通话时间进行适当控制，尽量在控制时间内解答完提问。若问题较复杂，检索较费时，可设定回答时间，约请读者过些时间再打进来，既给咨询人员留有充分的检索时间，又不使读者长时间在电话那头等待，也不至于影响其他读者使用电话线路。一般来说，一次咨询的问题以不超过三个为宜，提供的答案亦不超过三个。一次提问过多，会占用太多的时间和电话线路。当然，在实际操作中，咨询人员有时也需要灵活掌握这些规定，总之其目标应是鼓励读者给图书馆打电话，以求最大限度地利用图书馆的信息资源。

电话咨询属于便捷型咨询，跨越空间，仅通过电话进行沟通和交流，适用于用户的事实型咨询，可以方便地服务于不能到馆而又急需的用户。

---

[1]　郭敏.图书馆电话咨询服务的现状与对策[J].图书馆研究与工作，2007（04）：44.

（三）信件咨询

读者以信件的方式向图书馆进行信息咨询，也是远程咨询的一种常用方式。在互联网飞速发展的当下，咨询信件虽然数量不多，但提出的问题可能很严肃且重要。在信件咨询中，应注意以下问题：

（1）明确读者提问。信件咨询中读者能否清楚地表达提问是咨询能否成功的前提。信件咨询不能像馆内咨询和电话咨询那样可以进行即时的双向交流和沟通，在这种情况下咨询人员应该写信询问清楚，例如，可以提示提问者对问题应表达清楚哪几个方面，也可以附上本馆的咨询清单，请他按要求逐项填写清楚。

（2）准确书面解答。在以书面形式答复咨询结果时，咨询人员也应注意表述准确、明了，指明信息的来源。课题检索等较复杂的咨询有时不是经过一次通信就能达到沟通的目的。为了节省时间，可询问对方电话号码，改用电话进行联络。咨询信件应作为业务档案予以保存。对信件咨询应本着认真负责的态度及时处理、复信，不管检索结果如何，都应给以答复，切忌发生丢失信件的不良现象。

二、网络咨询形式

网络技术的迅速发展和应用，使传统参考咨询的提问和解答方式都发生了重大变化，出现了信息推送和虚拟参考咨询等网络咨询形式。

（一）信息推送服务形式

信息推送服务形式是参考咨询的重要内容。参考咨询员可以利用信息推送技术，主动将读者需要的信息推送给特定的用户群体。

1. 电子邮件服务形式

电子邮件服务是在计算机网络和通信技术的紧密结合中应运而生的，是一种常见的现代通信方式。电子邮件服务是目前最基本的数字化参考服务，用户通过 E-mail，将咨询问题以电子邮件的方式发送给相关咨询人员，咨询人员以电子邮件的方式将答案发送给用户。

图书馆一般在参考咨询主页上公布咨询台的 E-mail，还公布了相关工作人员的邮箱地址，最大程度满足用户的需求，并规定了 E-mail 方式答复读者询问的时间。电子邮件通告是一种非常实用的服务方式。读者只要加入图书馆提供的该项服务，图书馆便会全面快速地将图书馆购买的新书刊、电子资源、最新服务项目和公共信息等送至使用者的电子信箱，使读者及时了解本专业的电子资源和相关服务，更好地为教学科研服务。

电子邮件的优点是传递速度快，提问不受时空限制，而且可以采用附件形式传递各种类型的电子文档。以电子邮件形式开展的信息服务方式有：解答读者咨询、代查代检服务、信息定题服务、科技查新服务、文献传递服务、邮件通告服务等。但是电子邮件也像普通信件那样，咨询人员不能与读者进行面对面的对话，但用户对问题的描述往往不够全面，需要与参考咨询员之间进行多次交流。

2. "个人图书馆" 形式

个人图书馆，是典型的信息推送模式，是为用户个人搜集和组织数字化资源的一种工具，是开发应用较成熟的图书馆个性化定制服务系统，也是一个完全个性化的私人信息空间。

系统利用软件保存、修改用户检索历史，分析用户的长期兴趣，根据用户的兴趣来对资源进行过滤，把其中符合需求的内容提取出来为用户提供主动的信息推送服务，从而形成一种因人而异的信息服务形式。如向读者发送图书馆新到的与其专业、研究方向及兴趣相关的新书的检索书号和馆藏地、新刊的最新目次页等；不定期向读者发送介绍图书馆电子资源的相关信息；根据读者的学科情况提供比较详细的电子资源相关信息，包括数据库动态、数据库说明、相关数据库简介、最新信息、订购信息、培训信息、试用数据库反馈信息等；通报图书馆开展的培训、讲座、最新服务项目、假期开放时间等。该项服务主动性强，适应了用户的个性化需求。

（二）虚拟参考咨询服务形式

1. 虚拟咨询台形式

虚拟咨询台就是以数字图书馆馆藏资源为基础，以互联网的丰富信息资源和各种信息搜寻技术为依托，为读者和用户提供网上参考咨询和文献远程传递服务。读者只要打开某台联网的计算机，就可以登录虚拟咨询台，填写咨询问题表单，提交到服务器。参考咨询员接收到咨询问题后，利用各种方法帮助读者解决问题，并将问题答案通过用户提供的电子邮件地址寄给用户。

虚拟咨询台是针对参考咨询工作的各个环节专门开发的系统软件，便于对咨询问题进行管理、对咨询活动进行监督，对提高参考咨询工作质量具有重要作用。此外，虚拟咨询台还可用于异地咨询员参与解答读者的疑问。

在图书馆咨询网页建立读者需求提问表单，读者按要求逐项填写自己的需求，问题提交后，由参考咨询馆员在规定的时间内给出答复。当用户通过网络进行正式咨询时，首先进入一个咨询说明页面，内容为咨询台的主要服务内容、目的（可以回答什么等），让用户在看了以后再填写表单进行提问，这样可避免一些不属于咨询台回答的问题。表单包含用户和咨询问题的一些基本信息，例如用户名称、电子邮件地址、问题的主题、具体内容等。

用户按要求填写表单，具体地表达自己的信息需求，然后发送给图书馆相应的咨询馆员，由他们根据表单提供的信息来为用户解答问题。提出的问题大多为简易型或事实型的参考问题，如查找书目资料、寻找某机构的地址或电话号码、解答有关图书馆馆藏和服务的问题、解答光盘和中外文网络数据库检索的问题、征集读者对图书馆的建议或意见、并督促有关部门解决。用户通过主页，还可以访问自己需要的图书、浏览各种文献、检索数据库，提出疑难问题。

2. 实时咨询形式

为了保持馆员与用户面对面咨询中实时交互的能力，实时在线咨询开始发展起来。实时咨询一般通过网上聊天的方式进行，它所使用的软件通常是专门定制的，或者是利用已有类似功能的商业软件完成咨询服务。数字参考咨询使用的软件能够给用户提供提交问题的表单，在问题提交后它会自动提醒参考馆员，使问题的提问者和回答者之间产生一种互动，可以追踪咨询进行的状态，用户提出的问题和咨询员对问题的解答都记录在检索数据库里。这个数据库又被称为知识库。

总之，网络参考咨询是以网络环境为背景，以馆藏实物信息资源和世界范围内的网上虚拟信息资源为主要对象，根据用户的特定要求，以知识和信息的开发为手段，从事知识和信息的调研、搜集、加工、转换、重组与创新的一系列服务，它的核心理念是资源共享、利益对等、责任共担。

3. 联合虚拟咨询形式

随着高新技术在图书馆的广泛应用，信息处理的社会化程度不断提高，参考咨询工作朝着网络化、虚拟化的方向发展。例如，实施的全球数字化参考服务，依托丰富的网络资源及资深的咨询专家，为在任何时间、任何地点提问的任何用户提供高质量、专业化的服务，成为全球规模最大、服务范围最广的网上参考咨询服务系统。

第四节　现代图书馆参考咨询服务内容

为了让读者更好地了解图书馆、利用图书馆，参考咨询工作不但被动地接受读者提问，而且利用网络技术开展主动的宣传报道、信息推送和文献传递服务；不但通过个别辅导方式帮助读者查找文献，而且开展各种类型的读者教育活动普及推广信息检索方法；不但开展基础层次的咨询活动，而且开展专题文献研究、专题数据库建设、市场调研活动等，为决策者提供必要的信息产品；不但开展基于文献的信息服务和技术服务，而且开展了一系列拓展服务。

现代图书馆参考咨询服务的内容可谓丰富多彩，常见的服务内容包括：读者咨询服务；馆藏资源的整合与揭示；文献资源与服务项目的宣传；开展读者联谊活动；开展读者教育活动；开展馆员业务培训活动；开展文献检索服务；提供馆际互借与文献传递；读者需求调研；网络信息资源的组织；建立专题数据库；开展专题情报研究服务等。下面围绕读者咨询服务、网络信息资源的组织和开展专题情报研究服务展开研究。

一、读者咨询服务

（一）读者咨询服务的范畴

读者咨询服务是参考咨询最常见的服务内容，一般由参考咨询员随时接受读者咨询提问，并提供解答。参考咨询的目的是满足读者的个性化信息需求，但读者提出的问题方方面面。因此，明确图书馆参考咨询的范畴，可以省去一些不必要的咨询，提高处理咨询问题的效率。

从读者咨询问题的内容来看，参考咨询服务包括范围：了解馆藏资源；了解图书馆的各种服务；提供文献资源利用指南；提供多个权威的专业信息源；对专业期刊进行评价；提供投稿指南；提供专利、会议、成果、内部信息；对科研课题提供查新、采集、组织、跟踪等特别咨询服务；提供专题研究服务；提供定题检索服务等。所有问题的回答不仅与参考咨询人员的能力有关，还与图书馆文献资源的收藏情况有关。图书馆参考咨询工作应根据文献资源的规模和特点、基础设施、馆员素质、服务对象等，明确规定各馆参考咨询服务的范围。

参考咨询员在接受咨询问题后，不仅要了解客观需要，明确问题的范围、性质、目的、作用和要求，而且要分析主观条件，看自己是否有力量、有条件解答问题，以及是否应该解答问题。如果读者提出的问题较为重要，又迫切需要，某一图书馆无法单独完成咨询问题的解答，也可以通过同其他图书馆联系，共同来进行解决。因为图书馆事业是一个整体，图书馆之间有相互合作、相互支持的优良传统。

（二）读者咨询服务的类型划分

1. 向导性咨询

向导性咨询，是参考咨询工作中最基础的服务层次，这类问题一般比较简单，解答时间比较短。向导性咨询的问题都是一些简单常见问题，如图书馆各职能部门的位置、基本工作内容、联系人、电话，图书馆规章制度、各种手续办理程序，馆藏基本结构、特点、分布，图书馆最新动态、各种讲座、活动等。向导性咨询一般发生在总咨询台，所以很多图书馆都在大厅或读者最容易看到的地方设置总参考咨询台，回答到馆读者提出的各种咨询问题。

向导性咨询的问题都是一些常识性问题，随机性强，读者需要咨询人员能够立即回答。为满足工作需要，参考咨询员需要将问题进行归类、整理成参考咨询手册，并在实践中不断总结经验，及时补充各种新问题。

2. 辅导性咨询

辅导性咨询，是指针对读者在查找资料过程中出现的各种问题而进行的咨询活动。辅导性咨询是参考咨询工作的基本内容之一，已经渗透到图书馆读者服务的各个环节，如文献的流通、阅览、检索等活动中，通过面对面的交流，馆员不断地针对各个具体问题给出解决问题的方案。辅导性咨询一般由各个服务岗位上的专职或兼职参考咨询馆员来完成，通过图书馆员对读者在阅读目的、内容、方法等方面给予直接指导和帮助，提高读者选择文献、利用文献、理解读物和消化知识的能力。

辅导性咨询的内容有事实性咨询和方法性咨询两种。

（1）事实性咨询。事实性咨询是对读者提出的一般性知识咨询，通过查阅各种相关的参考工具书查找线索或答案，直接回答读者，或指引读者利用某一工具书刊，直接阅读有关咨询问题的资料。如查找具体的人物、事物、产品、数据、名词、图像等。事实性咨询，读者往往需求关于某一事实的具体信息，问题范围很广，涉及科学、技术、社会、文化、生活等各个方面。事实性咨询要切实解决读者的问题。

（2）方法性咨询。方法性咨询是指解决读者在查找文献过程中，因不熟悉检索方法而遇到的困难。这类咨询的特点是主动性强，图书馆工作人员可以充分发挥自己熟悉馆藏、熟悉检索工具的优势，给读者以检索方法的辅导和帮助。

参考咨询员在开展咨询性导读的过程中，遵循针对性、主动性和科学性原则，以提高阅读效率和质量为宗旨，对不同类型和层次的读者开展不同内容、不同形式的导读，全面改善读者对图书馆的了解，提高馆藏深层利用率。参考咨询员应该深入读者的科研和工作中去，与读者进行学术探讨与交流，指出阅读重点，解决实际难点与处理策略，帮助读者提高阅读能力及利用图书馆的广度、深度和速度。辅导性咨询需要一定的专业技术和业务能力，参考咨询员在工作中积累了非常保贵的经验，应该注意积累，相互交流，提高服务水平。

3. 文献检索性咨询

文献检索服务，是根据读者提出的问题，通过查找有关文献、文献线索及动态进展性情报开展服务。为了满足用户的个性化需求，文献检索服务需要以馆藏文献资源和网络信息资源为基础进行系统全面的检索，一般由专职的参考咨询员来完成，常见的服务形式是代查代检。用户咨询时需要填写提问申请单，检索申请及检索后的结果可以通过电子邮件来传递。从文献检索的内容看，常见的类型有：

（1）专题检索。专题检索是围绕读者提出的某一特定问题开展的文献检索服务。专题检索主要针对自然科学、社会科学及人文科学各个学科、各种目的的研究课题，以描述课题的主题词、关键词作为检索入口，开展文献检索服务。检索结果提供文献的目录、文摘，部分可提供全文。如专题目录就是对于读者提出的非一般性知识的咨询（如专项研究课题）所进行的提供一组专题的文献目录，供他们根据这种目录去查阅有关的文献资料，求得问题的解答。这种咨询的特点是系统性和回溯性强，要求提供的文献全面、系统、针对性强。

（2）科技查新。科技查新服务是指查新机构根据查新委托人提供的有关科研资料查证其研究结果是否具有新颖性，并做出结论。通过查新能为科研立项、科技成果鉴定、评估、验收、奖励、专利申请等提供客观依据。

（3）专利检索。专利检索是具体查找专利说明书的渠道和方法。包括利用各种常用的专利检索工具，掌握常用的检索方法等。常用的检索工具包括：各类专利工具书，如各国的专利分类表、专利文摘、专利题录公报、专利权人索引、专利公报等。查找专利可以按专利分类或按发明人进行。按专利分类查找的步骤是：查找专利名称并翻译不同语种的名称；依字母顺序查找所属的专利分类号；用分类表核对或进一步找到课题所属分类号；按分类号查找专利号；按专利号查找专利说明书摘要。按发明人名称查找的步骤是：通过专利权人索引查实专利权人的名字或所属公司企业并查实专利本身的名称；按专利号查找专利说明书摘要。

（4）三大索引检索。三大索引检索是通过作者姓名、作者单位、期刊名称及卷期、会议名称、会议时间、会议地点、文献篇名、发表时间等途径，查找文献被世界著名检索工具收录及被引用的情况，并依据检索结果出具检索证明。

（5）标准检索。在标准检索中，将检索过程规范为三个步骤：①输入时间、文献来源、作者等检索控制条件；②输入文献全文、篇名、主题、关键词等内容检索条件；③对检索结果进行分组分析和排序分析，反复筛选修正检索式得到最终结果。

此外，为方便读者，图书馆提供馆际互借和文献传递服务。当读者查到文献信息却无法在本馆获得资料原文时，可利用馆际互借服务。同时，图书馆开展文献传递活动，帮助读者获取期刊论文、专利说明书、技术报告和学位论文等文献资料，以最大限度地满足读者需求。馆际互借申请与资料到馆通知的最佳工具是电子邮件，电子邮件可加速信息的传递与处理。我国的国家科技图书文献中心的文献传递服务，通过电子邮件与账号管理功能，可让使用者在查到馆藏目录或期刊目次以及各类全文数据库的检索服务后，立即通过电子邮件订购原文，从而免去了传统馆际合作中许多烦琐的程序，同时，为保证中心的注册用户方便、可靠地利用电子邮件方式获取所订购的全文文献，中心为注册用户提供开设专用信箱服务项目，作为接受所提供的全文的信箱。

二、网络信息资源的组织分析

网络是个高度自由的领域，其信息内容包罗万象，丰富多彩，覆盖了不同学科、不同领域、不同语言。因此，对网络资源进行组织与开发也成为参考咨询的一项重要内容。网络信息资源异常丰富，网络信息的组织过程实际上就是信息增值的过程。网络信息的组织包括信息选择、信息组织。

（一）网络信息的选择

网络信息资源的组织具有一定的目的性和针对性，只有有价值的信息才可能被有效组织，所以必须精心选择信息。

网络信息的选择，必须坚持以用户需求为中心，充分调查与捕捉所在机构的主要任务、服务用户的个性化信息需求；必须依托馆藏资源，开发建立以体现本馆重点学科、优势专业、权威课题及重点用户特需专题为主的特色数据库与信息资源服务体系，直接为用户长期积累而形成的优势数字化文献信息资源和时效性、针对性较强的知识信息咨询服务；确保专业化程度适应用户水平，既要在主题的切入角度、内容的组织筛选等方面有的放矢，又要将那些过于肤浅的、深奥晦涩的、普及型的、趣味性的等不适合用户需求的信息排除在外。

随着用户及其信息需求日益个性化和专门化，在进行网络资源选择时要注意用户潜在的、未来的信息需求。信息的选择要根据信息组织的目标、用户的实际需求或其他相关信息评价标准。选择与评价网络信息资源的常用方法有：利用搜索引擎、依靠学术领域的专家推荐、专门网络信息评价站点或出版物、参考咨询员以及网络用户的经验积累。网络信息资源的组织需要投入大量的时间、人力、物力和财力，在确定了网络信息组织选择的内容、范围和标准后，要统筹规划，制定长远目标和近期目标。只有科学地统筹管理和规划，才能建立高效而丰富的网络信息资源。对已经具有的资源要注意维护更新，还要不断增加新的资源。

（二）网络信息组织的形式

信息就是采用一定的方式，将某一方面大量的、分散的、杂乱的信息经过整理、控制、加工，以一种系统而统一的方式存储，形成一个便于有效利用的系统的过程。但是，网络信息的存在状态是多样化的，其类型多样、存储格式各异，在开发网络信息资源时，必须规定信息揭示的统一标准和获取使用信息的具体规则，以保证信息资源能够得到充分利用，同时也保证用户的信息需求能够得到满足。常用的网络信息资源组织有网络信息资源报道、常用网络资源导航、学科资源导航和专题数据库四种形式。

（1）网络信息资源报道。网络信息资源报道，是一种动态的推荐性导航服务，它的内容经常变动。为使其报道性突出，往往放在主页显著的位置，它不仅对报道的网站作链接，还有宣传介绍的文字。

（2）网络常用资源导航。提供网络常用资源导航的网站通常有：国内外重要网络检索引擎、网上免费数据库、大型图书馆网站、学术机构站点如大学、研究所、著名公司等，尤其是与本馆服务对象相近的专业性网站。

网络常用资源导航还要对网上搜索引擎进行介绍，从数据库规模、索引方式、检索功能、检索结果、界面设计以及响应时间、查准率等几个方面来进行评估，并向用户介绍各种搜索引擎的特性及所支持的查询和检索方式，编制使用指南。

（3）学科资源导航。网络学科导航是一种针对性强的深层次的网络资源搜索并进行有序化组织的情报产品，是结合本馆资源的专题数据库，是一种很有效的信息咨询服务。它可满足知识创新信息用户便捷、高效地访问重点学科相关资源的特殊需要。

网络学科资源导航，通过多种搜索引擎对某个或某些主题信息上网查询、浏览，并参考有关文献，选择参考价值较高的信息资源，对相关网站进行评论、介绍，然后总结、组织、归类、设置类目而形成的目录型信息。经过专业人员对信息的选择、加工、组织，信息更加系统准确，导航作用更强。

（4）专题数据库建设。专题数据库是按专业或专题组织的数据库，它提供相关的文献检索、文献订购、数据库链接、全文传递等服务，采用实体资源与虚拟资源共存的方式来满足读者的专业化、个性化需求。这种专业化的全面信息服务的实现一般是基于图书馆、文摘索引商、出版商、发行商以及文献传递服务商等的链接操作。

参考馆员要加强对网络信息的研究整理，努力发掘网上具有特色、免费的信息源，针对用户的需要与馆藏资源的专题数据库相配合，选择有价值的信息备份下来，收纳进相关的全文数据库，并利用网络技术自动跟踪，然后将最新信息提供给用户，节省用户的上网时间与精力。

网络信息资源组织已经取得了很多研究成果。一些高校图书馆的学科网络资源导航，一般根据本校学科分类，在互联网上利用搜索引擎去粗取精，去伪存真，将可能隐含的潜在的科研和商机信息及时提供给特定用户，建立一批有价值且与本校学科及科研有关的专业性信息资源指南库。例如，河北科技大学图书馆的"药物研究开发知识库"，将大量的自建药物信息数据库、网上免费专利网站链接、国内外药品管理机构网站链接等内容组织在该知识库中，满足了该领域用户的专业化、个性化需求。

网络信息资源的开发应注意两个问题：①要求有相对完备的信息保障。为保障用户的检索方便，网络信息资源的收集就需要尽可能全面，注重连续性和完整性，善于运用多种搜索引擎、用不同的查找方法和途径来发现信息，并对信息资源进行长期跟踪，及时增补新的信息，保证有足够的相关信息量；②注意信息使用的方便性。经过开发的网络信息资源，应该便于使用，在开发、设计新检索系统时，要考虑资料的组织是否科学、合理，界面是否友好、易用，检索功能是否完善，检索途径是否多样，检索方式是否灵活，是否可提供打印、存盘、电子邮件传递等方式输出数据等。

三、专题情报研究服务

专题情报研究服务，是一种深层次的参考咨询服务，是情报服务的主要内容和科学研究的前期工作，一般需要较高的水平和较多的时间。某些专题咨询的解答，实质上就是一种科学研究活动。专题情报服务可以协助科研人员选择正确的科技策略，提高效率，减少人力或投资方面的重复和浪费，节省科研人员的时间和精力。我国各大中型图书馆都普遍建立了咨询服务部门，配备学有专长的工作人员从事咨询服务。还有的图书馆成立了联合性的咨询委员会，将图书馆的专门人才组织起来，对口分工解答读者提出的各种咨询问题。专题情报研究有定题服务、专题剪报服务、专题数据库建设等多种形式。

（一）专题情报研究的定题服务

定题服务，是信息机构根据经济建设和用户研究需要，选择重点研究课题或亟待解决的关键问题为目标，深入其中，通过对信息的收集、筛选、整理并定期或不定期地提供给用户，直至协助课题完成的一种连续性的服务。

定题服务是情报检索的延伸，是一种特殊形式的检索服务。定题服务的基本特点在于主动性、针对性和有效性。

（1）定题服务是一种主动性的服务工作。图书情报人员需要深入实际，主动了解生产、科研进展情况，选择服务课题；主动与用户挂钩，加强与各方面的联系；主动搜集调研文献情报动态，编制专题文摘、索引及专题综述、述评、专题参考资料；主动定期向用户提供定题最新资料通报。

（2）定题服务具有定向跟踪的特征，是一种针对性很强的工作。即根据用户的特定需求，围绕某一专题，在一定时期内主动地、连续地为用户提供对口的文献情报服务。它包括定题情报检索服务、专题回溯检索、研究项目的信息跟踪服务、专题文献研究等。从选题到调研再到文献服务，都体现了很强的针对性。它从大量的科研课题中，选择关键性的课题；从广泛的研究项目中，选择重点研究项目；从众多的咨询问题中，选择具有突破性的咨询问题，而排除那些一般性的课题、次要的项目以及其他问题。一经定题，就只针对课题服务，不涉及读者的其他需求，并跟踪课题的进展，了解动向，围绕课题范围，搜集、查找、编制资料，针对课题需求提供文献，服务到底。

此外，它还是一种效益很高的服务工作。大量事实证明，通过定题文献服务，解决了国民经济和科学研究中一系列重大难题。这其中凝结了图书馆工作人员的辛勤劳动，展示了文献定题服务的重要贡献。

定题服务尤其适合大学图书馆为重点学科建设、学科带头人、重点科研项目、高层科研管理等开展专门信息咨询服务。网络数据库以及互联网学术信息是极为重要的信息资源，网络数据库更新快，并且提供范围稳定的有序化信息，互联网站点和网络检索引擎以变化快、动态报道为特征，两者互相弥补，均为跟踪前沿学科和热点研究的重要信息源。定题服务需要长期跟踪用户需求，根据用户课题的主题制定检索策略，根据课题的学科范围选择数据库，并定期对网络数据库和互联网学术信息进行检索，将检索结果进行筛选，以电子邮件形式，每月或每季度将这些最新信息实时传送给使用者。

对于深层次的定题服务，参考咨询员应选准重点服务课题，如国民经济发展的规划、国家各主管部门下达的生产任务和科研课题、各生产系统科研系统的重大项目、生产实践科学实践中存在的亟待解决的重点问题、国家引进新技术的实际需要等。随着图书馆工作不断走向社会化，图书馆作为社会的文献信息中心，还应加强与社会的联系，与其他的信息中心开展联合咨询，逐步扩大咨询范围，提高咨询水平和咨询能力。

（二）专题情报研究的自建专题数据库

1. 专题数据库的建成方式

现代文献信息服务环境下的参考咨询工作更多是以完备的数据库系统为依托的。目前，专题数据库的建成方式主要有两种：

（1）通过购买。网络环境下，各种数据库应运而生，但这些数据库一般都是专门的商家组织力量制作的，大都是以营利为目的的通用性的数据库。

图书馆根据本馆经费情况、服务对象及其信息需求来确定购买数据库的种类和规模。如高校图书馆主要面向本校的教学科研工作，用有限的经费订购必需的专题数据库，而公共图书馆则考虑面向社会的公共专题服务。

（2）进行自建。随着信息技术的进一步发展与应用，图书馆也开始依托本馆资源特色、技术力量，针对用户需求自行建立各具特色的专题数据库。这种数据库针对性很强，但需要对各学科领域内最新信息及研究动态、成果进行搜集、筛选、整理，从数据的采集、整理、录入到发布都需要投入相当的人力及物力。现今，衡量一个图书馆的服务能力，不再只看传统的纸质文献和电子文献，专题数据库已成为一个重要指标，专题数据库的建设业已成为文献信息资源建设新的亮点。

2. 自建专题数据库的类型

对图书馆具有资源优势的一些专题信息资源，参考咨询员还要进行二次加工，使这些信息资源的组织系统化，并且进行知识挖掘、重组和再造，发现隐含在信息中的有用知识单元并整合成知识产品。目前图书馆专题数据库建设有了很大的发展，主要包括两大类型：

（1）以学科文献为中心的数据库。数据库是信息资源管理与开发利用的基础，科技的发展，学科的结合、分化或交叉发展，给教学科研人员全面了解本学科领域的出版物带来一定的困难。因此，图书馆应建立以学科文献为中心的数据库，为教学科研人员提供方便、快捷地检索本专业的文献信息的服务。

以学科文献为中心的数据库建设，必须深入全面地揭示各种类型的文献资源。具体包括本学科的书目数据库、学术论文数据库、报纸数据库、网络动态信息数据库、引进的专题数据库等。

（2）以地方特色为中心的数据库。地方特色数据库是以地方特色文献、地方特色文化、地方特色经济为基础建立的数据库。

1）地方特色文献。地方特色文献是指地方独有的或比较系统收藏的文献，包括目录和全文。如广西图书馆的广西地方文献资料索引数据库；广东图书馆的广东地方志目录数据库、三明学院图书馆的客家文献目录库、天津图书馆的天津地方文献全文阅览检索服务等。

2）地方特色文化。地方特色文化是只有某一地区特有的且又有一定影响的和较大价值的文化，具有一定的地方性、特色性、影响性、价值性等特点，包括物质文化和精神文化，如各种地区性的历史文化遗产、历史事件和历史人物、风景名胜、风俗习惯、土特产品等为对象的文化。如山西省图书馆的山西名人数据库、山西地名数据库、戏曲视频库等，上海图书馆的"上海图典"，广东中山图书馆的广东名人数据库、广东特色医院库等。

3）地方经济数据库。地方经济数据库是指为地方经济建设服务的数据库。当今，地方特色文化的研究者不少，著述也不少，利用地方特色文化来发展当地经济的做法也越来越被重视。在经济建设方面，它可以使当地读者方便快捷地了解当地特色产业的现状及其历史，可以方便快捷地了解当地具有特色的资源及其利用情况。当地的独具特色的产业及资源可以通过数据库和互联网方便快捷地起到一种对内对外的宣传作用和资料的利用作用，有利于扩大特色产品的销路、吸引投资、开发利用特色资源，从而促进当地经济的发展。

图书馆通过建立数据库，可使地方文化资料得到一种比纸本资料更好的保存和保护；有了数据库可以方便地检索和查询，为地方文化的研究者提供方便，扩大特色文化的宣传，吸引更多的读者。在帮助领导决策方面也可起到一定的作用。当地领导在决策本地的政治经济文化建设时，必须从本地的实际出发。了解掌握本地具有特色的实际情况的资料，对领导者做好本地建设的正确决策十分重要。

（3）以知识服务为中心的数据库。知识服务是一种增值服务，它关注和强调利用自己独特的知识和能力，对现成的文献进行加工，形成新的具有独特价值的信息产品。知识服务是只对用户的需求进行系统分析，通过对信息的分析和重组，形成符合用户需求的知识产品。

（4）以教学信息为中心的数据库。网络教学课件共享可以借阅设计费用，避免重复建设，利于课件设计的标准化。此外，高校图书馆还应重视对教学信息、教研参考资料、教学课件等教育资源的收集、整理、开发，建设教学参考资料系统。

（三）专题情报研究的剪报服务

剪报工作，是图书馆一项传统的专题服务项目。各个图书馆都根据其馆藏特点、服务用户群体来选择具体主题内容。例如，国家图书馆剪报服务中心以国际企业集团、大型国有企业、著名公关公司为服务对象，依靠馆藏海量的信息资源和专业信息咨询人才，全面开展平面媒体监测、专题信息搜集、行业分析报告、电子剪报服务、文献检索、数据库制作等业务；上海图书馆打出的"世博会剪报""金融分析参考资料""中国房地产资料汇编""企业分析和战略决策"等具有上海特色的品牌；广东佛山图书馆着力于经营"房地产信息摘报""保险剪报专题"等特色项目。

（四）专题情报研究的信息调研

图书馆规章制度和建设发展方针的制定、各项服务的开展、大型文献数据库的购买等重大问题都需要科学民主的决策。要保证科学决策，就需要了解读者群体的基本情况。

因此，用户需求调查也是参考咨询工作的一项长期内容。例如，用户需求调查的内容包括：用户年龄、学科专业、接受教育程度等的结构比例、用户利用图书馆情况统计分析、重点用户群体的确定及其需求特点、图书馆文献资源构成及发展趋势等。用户需求调查也是获得信息服务课题的一条重要途径。在用户调查中，往往能够发现一些用户的潜在需求，鼓励用户提出自己的文献需求。用户需求调查的方法：问卷调查、座谈会方法、专家调查法。不同的调研目的，所采用的方法不同。例如，图书馆各项服务的评价可以采用问卷调查的方式；图书馆建设与发展方针的制定可以采用专家座谈会调查的方式。

第五章 现代图书馆管理内容的多元化

第一节 现代图书馆的服务管理

一、图书馆服务发展与原则

图书馆服务是图书馆工作中最重要的组成部分，是连接图书馆与读者之间的桥梁。图书馆服务不仅是图书馆工作的核心和图书馆工作的价值体现，还是图书馆学重要的研究方向，如果离开对图书馆服务的研究，图书馆事业就会失去存在的价值。

图书馆的服务对象是以读者这一特定群体为主的个人、团体和组织；图书馆服务的目的不只是为了满足读者的文献信息需求；图书馆服务的内容是以图书馆自身拥有的资源为基础的；所提供的信息资源应该是经过加工的文献。所以，综合这些信息，图书馆服务指的就是图书馆以自身文献信息资源为基础，为了满足用户对信息资源的需求，向其提供的一种服务活动。

此外，当今社会是信息社会，信息社会的快速发展使图书馆的服务功能、服务形式、服务内容呈现多样化的发展趋势。图书馆服务早已在图书的借还上有所超越，而变成一项复杂的系统工程。因此，对图书馆服务的研究深入将使图书馆服务工作在新世纪焕发新的活力，促进其更快速地发展。

（一）图书馆服务的发展规律

目前，可以找到的最早的体现图书馆服务的记载是公元前 600 年左右的古希腊，随着人类文明进程的发展，图书馆服务在图书馆的发展中也经历了自身的发展、转变。

（1）图书馆服务对象范围扩大。由于知识的普及程序问题，古代图书馆是为少数人服务的组织，而近代工业文明的迅速发展，使以公益性服务为主的图书馆开始起步发展。我国建设了众多类型的图书馆，尤其是公共图书馆的建设，基本做到了普及的程度。加之义务教育的开展，人们的知识水平普遍提高，使图书馆服务的对象范围也得到扩大。

（2）图书馆服务内容增加。早期图书馆的收藏内容受其创办者的信息需求限制，内容涉及比较有限，再加上搜集、整理的手段落后，文献信息的储备量有限和文献信息加工能力低，使图书馆服务的内容单一，以致于使人们形成图书馆服务就是借还的简单工作的错误认知。

随着科学技术的发展，人类文献信息的创造能力大幅度增加。这使得图书馆的文献信息储备量急剧上升，而图书馆学、情报学等信息科学的发展提高了图书馆加工信息服务的能力，图书馆处理信息的数量和质量得到极大的改善。同时，科技发展引发的计算机文献信息的处理功能的出现更促进了图书馆服务内容的扩展，全文检索、多媒体服务、网络检索、信息咨询、科技查新等内容已经成为图书馆服务的新增内容，图书馆是公认的信息服务的中心。

（3）图书馆服务方式的转变。人类信息需求的增加使图书馆的服务方式发生了极大的转变。早期图书馆的服务方式基本实行的都是封闭式馆内阅读方式，这很大原因在于图书馆的文献信息资源的储藏量有限。后来虽然有图书外借的先例，但也有较多条件的限制，并且得到这种服务的人数很少。到近代图书馆馆藏文献资源的数量激增，图书馆数量也逐渐增多，开放的服务已经成为图书馆服务方式的发展趋势。而近些年快速发展的网络服务更是彻底颠覆了图书馆的服务方式，远程服务、网上阅读等先进的服务方式也已经实现。

（4）图书馆服务管理的手段的改善。早期图书馆的文献整理完全依靠人力，目录的登记、归类整理是图书馆一项艰难、复杂的工作。但计算机技术的发展，使办公自动化成为现实，也给图书馆服务管理的手段带来了变革。机读目录、计算机文献检索等方便快捷的管理手段，大大提高了图书馆服务的效率。

（二）现代图书馆服务模式发展的新趋势

1. 读者、用户研究的必需化

读者和用户是图书馆服务的对象，是接受图书馆服务的主体。在迅速发展的网络环境下，各种搜索引擎使信息资源的获取变得相当容易。这种搜索服务节省了使用者的时间和精力，获得了广泛的认同。但这种认同对图书馆的影响是巨大的，甚至影响到图书馆存在必要性的探讨。不过，图书馆毕竟存在着网络信息所不能比拟的优点，它有针对性提供的个性化的高质量信息服务和专业化的服务模式赢得了用户的信任，而这种个性化服务的背后是对读者和用户需求的深入研究。由于不同读者和用户对信息需求的差异性，使得其对图书馆提出的要求也不同，这些要求构成了读者和用户研究的基础。只有充分理解这些要求，并与图书馆服务相结合，才能更好地推动图书馆服务管理体系的建设。

2. 服务模式的品牌化

品牌能给拥有者带来溢价，是能增值的一种无形资产，它的载体是用以和其他竞争者的产品或劳务相区分的名称、术语、象征、记号或者设计及其组合，增值的源泉来自消费者心智中形成的关于其载体的印象。因此，品牌构建在企业界是十分重要的事情，是企业使自己的产品和服务区别于其他竞争者的有力手段。图书馆服务模式的品牌化指的就是图书馆将自己具有的馆藏特色、馆藏规模或某一信息产品、某一特色服务形成自己的优势，这个优势就构成图书馆的品牌。

图书馆要想创造自己的服务品牌就需要建立完善的服务体系，不仅要有热情、周到的服务态度，还要拥有读者需求的信息资源，为读者提供优质服务品质，有时甚至要超出读者或用户对服务需求的设想，使读者获得更满意的结果。而如果图书馆想达到这样的服务效果，就需要图书馆站在读者的角度为读者设想。

3. 馆员服务专业化

高品质的图书馆服务需要专业的工作人员提供，这就要求图书馆工作人员具有较高的专业素质。专业素质中不仅要求馆员具有图书、情报的专业知识，还要对计算机知识和其他专业知识有一定的了解。同时，馆员还要不断主动更新自己的知识，以便跟上信息发展潮流。

4. 服务模式的网络化

网络化的迅速发展和普及使图书馆的服务模式发生了剧变，具体表现如下：

（1）馆藏信息资源的形式变化。传统的纸版图书虽然还占据着图书馆馆藏的主要形式，但其占地大、管理难、耗资多的缺点，越来越显现，类似光盘这样存储量大，保管方便的其他非纸版文献的收藏已经在图书馆悄然升温，并有不断扩大的趋势。

（2）信息服务内容的多样化。在图书馆传统服务的基础上，网络信息提供了更多的服务内容，如网络咨询、数字图书馆、电子数据交换、网络教学、电子公告板等内容。网络数据库、联机馆藏书、数据库、电子图书、电子期刊、电子报纸更是图书馆服务中的必备内容。

（3）服务对象扩大。图书馆网络资源的共享，使图书馆的服务对象发生了很大变化，图书馆服务的范围超越地域的界限，许多潜在用户都成为图书馆的实际用户。

（三）我国现代图书馆服务的原则

1. 开放性服务原则

开放性服务原则对于当前的图书馆来讲似乎已经没有必要，因为从19世纪公共图书馆开始普遍发展开始，图书馆对公众就实现了开放式服务。不过，早期的图书馆开放式服务与当前的开放性服务还有一些区别，那就是开放的内容和方式还有较多限制。现代意义上的开放性服务在早期开放式服务的基础上有所扩大。

（1）资源开放的全面性。资源开放的全面性，就是指开放图书馆所有的馆藏文献资源储备以及馆内的所有能为读者服务的设备，使全馆工作人员都直接或间接为读者服务。

（2）时间上的全天候开放。最大限度为读者提供使用图书馆的便利条件，是图书馆服务的宗旨之一。

（3）馆务信息公开。馆务信息公开指的就是图书馆要公开与读者服务相关的信息。信息内容包括：图书馆工作的内容、职能、机构设置；图书馆业务范围内的工作流程、具体的职责范围；建立公众参与图书馆管理制度；涉及读者或用户的管理规定；受理投诉的部门和举报电话；对外服务的电话、电子邮箱等联系方式；图书馆工作的评价标准等一系列内容。

2. 全面性服务原则

全面性服务原则在图书馆服务中的运用可以包括两个方面：

（1）根据读者需求得到的服务。当读者开始使用图书馆时，会得到全方位的服务。如，读者走进图书馆就会看到的各种指示标牌，图书馆工作人员的热心解答、根据读者需求得到的各种服务、获得的各种培训等。

（2）对于潜在的读者需求，图书馆要在充分调研和分析的基础上，有针对性地引导读者和用户的需求，还可以通过宣传帮助读者或用户了解图书馆开展的新业务，从而开发他们的需求。

3. 方便原则

方便原则，可称"便利原则"，主要指图书馆开展服务时要以为读者或用户提供方便为目标，节省他们的时间和精力，但不能影响他们接受服务的质量和效果。主要包括：

（1）图书馆选址要尽量选在交通便利的地方。一个信息源在物理距离上越易接近，被利用的可能性就越大。因此，图书馆选址要在交通上方便读者或用户。目前，城市化改造在我国正大范围进行，在图书馆改造过程中，政府要充分予以关注，尽量给予政策倾斜，保证图书馆在空间位置上的便利。

（2）馆藏资源要方便读者使用。这也涵盖两个方面的内容，一方面，图书馆要提供方便、快捷的检索方式，使读者能顺利地检索到自己需要的文献信息资源；另一方面，馆藏资源的摆放要方便读者使用。尽量减少读者获得所需文献的时间和精力。图书馆要为读者尽量提供使用简便、操作容易的设备，使读者不需要过多的学习和实践就能掌握其使用方法。

（3）简便读者获得服务的手续。图书馆是公益性的服务性机构，应尽量为广大民众提供信息服务。所以图书馆要以欢迎的态度来迎接读者和用户，而不应该对读者设置各种障碍。一些有固定群体的图书馆，如高校图书馆在可能范围内也应为社会提供更多的服务，这样才能充分发挥图书馆的功能，也把国家为图书馆投入的大量资金发挥到最大限度。

4. 满意原则

读者对图书馆的满意是现代图书馆追求的最高目标。而读者对图书馆服务的满意评价是基于图书馆的服务质量。具体包括：文献信息资源的储备在数量和内容上是否符合读者的需求；图书馆工作人员对读者或用户的态度；图书馆工作人员拥有的解决读者问题的能力；图书馆为读者提供的必备设施和便利设施的完备程度以及图书馆对读者需求的反应速度、满足程度等都影响读者对图书馆服务的满意程度。针对这些内容，图书馆必须加强图书馆的各项工作，真正切实地将各项内容落到实处。如对文献资源储备的采购要通过多种手段征求读者的意见；对工作人员的服务态度要进行专业的培训；为了提高工作人员的专业服务能力要不断对馆员进行再教育；要对馆内设备进行维护，了解新增设备的功能，及时向读者讲授设备的使用方法等。

二、现代图书馆的服务管理内容

（一）图书馆阅览服务管理

图书馆阅览服务，又称为内阅服务，是指图书馆利用自身的文献资源和空间设施提供给读者在馆内阅读的服务活动。阅览服务是图书馆基本服务工作的重要组成部分，为了能给读者提供更优质的阅览服务，图书馆应在阅览服务中做好以下工作：

（1）提供舒适的阅览环境。阅览室是读者最常使用的地方，所以多数图书馆的阅览室人群密度都比较大，环境也显得拥挤。在这种情况下，图书馆更应该改善阅览室的环境，具体内容包括：①对阅览室的桌椅要精心挑选，尽量选择那些符合人体曲线的设计；②保证阅览环境的光线，配备充足的照明设施；③加强阅览环境的室内绿化，使读者在疲倦之余，能放松休息；④保证空气清新、环境整洁。阅览室过多的人会导致空气污浊，因此，在保证阅览环境整洁的基础上，加强空气流通。

（2）保证阅览时间。阅览服务是图书馆的基础服务，其开放时间的长短是衡量图书馆服务品质的一项重要指标。目前，很多图书馆都在节假日开放，个别公共图书馆还实行24小时开馆，全年无公休日的服务时间。所以，如果能在阅览时间上给读者以保证，将是图书馆服务工作中一件实在的惠民举措。

（3）保证提供文献资源的数量和质量。鉴于阅览室是广大读者最常使用的地方，图书馆对阅览室的文献资源安排应从数量和质量上予以保证。数量是指文献资源的种类要齐全，要有一定的复本量，以保证读者的使用。所谓质量，是指文献资源要丰富，文献的时效性要强，此外，由于阅览室的文献利用率高，破损也严重，所以要随时注意修补，并及时淘汰那些无法修补的文献。

（4）平等阅读服务的方式。图书馆是一个公益性服务机构，每个走进图书馆的读者都应享受到平等的服务。

（二）图书馆外借服务管理

图书外借服务是图书馆服务中最传统和最基础的业务活动。这是图书馆针对自己的服务对象提供的一种，允许读者将馆内藏书和其他类型的文献带出馆外使用的服务。

为了能享受到这种服务，读者一般要符合一定的条件，必须在该图书馆注册，成为该馆正式享有外借服务的读者；必须向图书馆提供一定的担保，这种担保有时是一定数量的金钱，有时是具有某种特定的身份；必须履行一定的借阅手续，遵守一定的外借规定才能获得图书馆的允许将图书或其他类型的文献带出馆外；享受的借阅时间是有限的。

1. 对于本馆馆藏

图书馆对自己拥有的馆藏图书或其他类型文献资源的管理模式包括：

（1）开架式管理方式。这种方式是现在最流行的一种管理方式，读者可以与文献近距离接触，仔细挑选自己所需的文献内容。

（2）半开架管理方式，读者可以看到这些文献，但不能直接接触到这些文献，必须办理一定的手续才能使用这些文献。

（3）闭架式管理，读者只能通过检索的方式得到文献的相关信息内容，然后办理手续后，才能接触到这些文献。

2. 对于允许外借的文献

对于允许外借的文献，图书馆的外借服务类型比较丰富，其中最主要的类型包括：

（1）个人外借。个人外借是指读者以个人的身份独立进行的，读者可以凭借本人的图书馆借阅证到图书馆服务台办理相关借阅手续。

（2）集体或单位组织外借。是专为相关企业、行政单位或具有团体性质的服务对象设立的一种文献外借服务方式。一般对这种服务对象的外借要求，图书馆可以给予一定的优惠政策，如数量、时间等给予适当增加或延长。

（3）馆际互借。馆际互借是根据图书馆之间签订的某种合作协议，给予对方服务对象与自己服务对象相同的外借服务，以满足更多读者或用户的文献信息需求。

（4）图书预借。对已经外借的文献，读者可以通过预约，保证自己能及时获得该文献的使用权的一种外借服务类型。

（5）流动外借。流动外借是一种通过流通站、流动车、送书上门等形式实现读者外借文献的需求，目前这已经是公共图书馆系统中一种常用的服务方式。

（三）图书馆文献检索与传递服务管理

1. 图书馆文献检索服务管理

文献检索服务指的就是从信息集合中找出所需要信息的过程，相当于人们通常所说地信息查寻。图书馆开设这种服务的目的是帮助读者节约时间和精力、使他们能方便快捷的获得所要查找的相关文献信息。同时，还可以为读者或用户提供最新的知识背景，使读者和用户花费最少的时间了解最多的信息资讯，并可以跨越语言和专业的限制，对其他国家和领域的文献深入了解。

(1) 文献检索语言。文献检索语言是为加工、存储、检索文献信息而编制的一种具有统一标准，用于信息交流的人工语言，也就是用来描述信息源特征和进行检索的人工语言。检索语言在信息检索中起着极其重要的作用，它是沟通信息存储与信息检索两个过程的桥梁。在信息存储过程中，用它来描述信息的内容和外部特征，从而形成检索标识；在检索过程中，用它来描述检索提问，从而形成提问标识；当提问标识与检索标识完全匹配或部分匹配时，结果即为命中文献。检索语言按原理可分为三大类：

1) 分类语言。分类语言是指以数字、字母或字母与数字结合作为基本字符，采用字符直接连接并以圆点（或其他符号）作为分隔符的书写法，以基本类目作为基本词汇，以类目的从属关系来表达复杂概念的一类检索语言。

2) 主题语言。主题语言是指以自然语言的字符为字符，以名词术语为基本词汇，用一组名词术语作为检索标识的一类检索语言。以主题语言来描述和表达信息内容的信息处理方法称为主题法。主题语言又可分为标题词、单元词、叙词、关键词。

3) 代码语言。代码语言是指对事物的某方面特征，用某种代码系统来表示和排列事物概念，从而提供检索的检索语言。

4) 自然语言。自然语言是指在文献中出现的任意词。

(2) 文献检索服务中常用的方法。

1) 直接法。直接法，又称常用法，是指直接利用检索系统（工具）检索文献信息的方法。它又分为顺查法、倒查法和抽查法。

2) 追溯法。追溯法是指不利用一般的检索系统，而是利用文献后面所列的参考文献，逐一追查原文（被引用文献），然后再从这些原文后所列的参考文献目录逐一扩大文献信息范围，一环扣一环地追查下去的方法。它可以像滚雪球一样，依据文献间的引用关系，获得更好的检索结果。

3) 循环法。循环法，又称交替法、综合法、分段法。即交替使用回溯法和常用法来进行文献检索的综合检索方法。

在检索过程中各种检索方法要结合使用，以取得更好的检索效果。

(3) 文献检索服务工作的步骤。文献检索是一项实践性活动，它要求图书馆工作人员在掌握文献检索的规律情况下，利用文献检索语言在可获得的馆藏文献和非馆藏文献中迅速、准确地查找读者或用户所需要的文献。一般来说，文献检索可分为的步骤包括：①明确读者或用户查找文献的目的与要求；②选择适当的检索工具；③确定检索途径和方法；④根据文献线索，查阅原始文献，然后根据要求提供文献检索结果。

(4) 文献检索的途径。文献检索途径就是通过什么角度开始检索过程，目前采用的方式有：

1) 著者途径。著者途径是通过著者、编者、译者、专利权人的姓名或机关团体名称进行检索的途径统称为著者途径。

2) 分类途径。以学科分类为基础，从学科所属范围来查找文献资料，主要是利用分类目录和分类索引。

3）主题途径。主题途径通过主题目录或索引，对反映一个主题方面的文献进行检索；引文途径，利用文献所附参考文献或引用文献，而编制的索引系统进行检索。

4）序号途径。序号途径通过文献有特定的序号，如专利号、报告号、合同号、标准号、国际标准书号和刊号等进行检索。

5）代码途径。代码途径利用事物的某种代码编成的索引，如分子式索引，可以从特定代码顺序进行检索。

6）专门项目途径。从文献信息所包含的名词术语、地名、人名、机构名、商品名、生物属名、年代等的特定顺序进行检索，可以解决某些特别的问题。

2. 图书馆文献传递服务管理

（1）文献传递服务的作用。文献传递服务是早期图书情报机构作为馆际互借的一种手段出现在图书馆服务中的，是一种重要的资源共享方式。文献传递就是把特定文献从文献源传递给特定用户的一种服务。现代意义的文献传递是以信息技术的发展为基础发展起来的，具有简便、快速、高效的特点。这种服务方式对图书馆服务具有十分重要的积极作用。

1）弥补了图书馆的馆藏，解决了馆藏资源不足的问题。由于各种客观条件的限制，图书馆不可能拥有读者或用户需求的所有文献信息。而图书馆服务的最终目的却是满足读者或用户的文献需求，文献传递服务就是解决这二者之间矛盾的最好方法。通过这种简便、易行的服务方式，读者或用户很快就能得到自己所需文献信息资源，保证了文献资源的提供能力。

2）增加了图书馆的收入，缓解了图书馆经费的不足。文献传递在图书馆服务中一般都是收费服务的项目，因此，利用好文献传递服务的经济性就极为重要。

（2）文献信息传递服务中的问题的解决方法。

1）转变传统观念，建立新文献信息传递服务思想。图书馆在进行文献信息资源的采集时，在合理利用现有经费扩充馆藏资源的同时，应重新设计其馆藏资源形式，利用文献传递来弥补资源的不足。因为，文献传递是以最少的投入获得最大的收益，其提供文献范围广、品种齐全是任何馆藏都无法与之抗衡的。目前发达国家基本上都存在地区性和全国性的馆际互借与文献传递系统。而图书馆评价体系，也应根据文献传递服务的全面铺开，改变以往的评价标准。将可能使对图书馆的评价由"你拥有多少藏书"向"你提供多少服务"转移，以便更好促进文献信息传递服务的发展。

2）加强文献信息传递服务的宣传工作。发展我国图书馆文献传递的服务，要向文献信息传递服务的需求者进行全面系统的宣传，使读者或用户将未能获得满足的信息需求交给文献信息传递服务工作。而从事信息传递服务工作的图书馆工作人员要及时按用户提供的要求进行检索、传递，力图在最短时间内满足读者的需求。

3）加强与文献出版者的联系，切实执行国家知识产权法律、法规，保证文献信息资源创造者的利益。图书馆要逐步与文献出版者保持利益的均衡。在适当的条件下，以各种方法充实馆藏来满足出版者的利益，把知识产权保护渗透到文献信息传递服务中，使知识产权保护与文献信息的正常使用有机的结合起来。

4）充分利用网络信息快速发展的机遇，将信息传递服务工作推向一个新的高峰。面对电子期刊对文献传递的挑战，不应该回避它带给文献信息传递工作的压力，而是要抓住这样的新技术为文献传递服务，以便为文献信息传递工作提供更方便、更快捷的操作平台，促进图书馆和个别读者间的联系，更促进图书馆与图书馆间的联系，达到文献资源共享的目的。

（四）科技查新服务

科技查新服务工作，又称查新服务、科技查新咨询工作，指的是查新工作者通过各种信息检索手段为科研人员、评审机构或评审专家提供与查新项目有关的文献、数据及分析比较的结论。其目的在于减少科学活动的低水平重复，避免成果评审、鉴定的失准。它既是一种特定形式的咨询，又是一种特定形式和有特定目的的检索。

1. 科技查新的服务作用

科技查新服务是一项适用范围非常广泛的工作，其积极作用如下：

（1）科技查新能为科研立项提供客观依据。科技查新工作能够为科研课题在论点、研究开发目标、技术路线、技术内容、技术指标、技术水平等方面是否具有新颖性做出判断。科技查新可以对科研项目研究开发的深度及广度；已解决和尚未解决的问题等进行检索，对所选课题是否具有新颖性的判断提供客观依据。这样可防止重复研究开发而造成人力、物力、财力浪费和损失。

（2）科技查新能够为科技成果的鉴定、评估、验收、转化、奖励等提供客观依据。查新工作由于其客观性，所以能保证科技成果鉴定、评估、验收、转化、奖励等的科学性和可靠性。这样也会促进科技人员的积极性，有利于科研成果的推广应用。

（3）科技查新可以为科技人员节省工作时间并提供可靠而丰富的信息。由于科学技术的不断发展，促使学科的分类越来越细，而信息存量又在无限量地扩张，这就使得科研人员的查阅工作越来越繁重。加之文献检索本来就具有一定的专业性，这无形中又增加了科技人员的工作量。而科技查新服务工作人员一般都具备一定的学科专业知识，并熟悉各种资源的检索方法，再加上较高的外语水平，所以，可以根据科研工作者的需求，利用馆藏及网络资源对各种学科内容进行查阅检索，从而在节省科研人员大量时间的基础上，保证信息的回溯性和时效性，基本能满足科研工作的信息需求。

2. 科技查新的原则

（1）客观性原则。科技查新就是通过信息检索，去揭示涉及查新点在国内外发表文献情况和已取得的成果和水平。还应对科技项目中的查新点是否有人做过、是否超过了已有的水平、存在哪些异同等客观事实进行查证。科技查新要求查新人员客观地研究和分析问题，杜绝主观或感情成分，对查新点的新颖性、先进性和实用性，对项目的作用、意义、方案的可行性等进行客观公正的评价和判断。

（2）准确性原则。由于很多科学研究都是在前人工作的基础上进行创新或推广应用的。因此，很多时候，出于对科研立项的追求，查新工作中会经常遇到这样的情况，即用户把查新点定得太笼统，结果是查出文献一大堆，却无法下结论。有时给的查新点过于狭窄，又不能真实反映课题的实际情况，使查新人员无法下手。这时就需要查新人员与用户进行沟通，查找主要的查新点，并将之确定。在此基础上，查新人员周密、科学地选择检索词和正确地制定检索策略，以保证查准率和查全率，保证科技查新的准确性。

（3）可靠性原则。科技查新最终形成的查新报告是科研管理部门和评审专家在进行课题评议时所要依靠的客观依据，因此对于课题的评议结果具有相当大的影响作用。所以，查新人员要把握好查新流程的各个环节和影响因素，保证查新报告正确无误和可以信赖。

（4）独立与回避原则。独立与回避原则也是查新工作的关键原则。其中独立原则是指查新机构、查新员、查新审核员、查新咨询专家从事具体的查新业务、审核和查新咨询活动时只能以有关的法律、法规为依据，而不受任何行政部门的控制，也不受其他机构、社会团体、企业、个人、查新委托人等的非法干预。查新咨询专家在提供查新咨询意见时，不受查新机构的非法干预，回避原则是指从事查新业务时，应当实行回避制度。查新机构、查新员、审核员和查新咨询专家都应当是与查新项目无利害关系的第三人。否则，他们可能无法独立地从事查新业务，查新结论也无法达到客观和公正。

3. 科技查新工作的质量控制

（1）根据查新工作需要，配备相应的办公条件和基础设施保证。

1）查新工作是图书馆对外服务的一项窗口工作，是图书馆信息检索能力的一个象征。而其服务的对象多是科研人员和企业用户，涉及的工作很多带有保密性。因此，查新部门的办公条件要与其他图书馆基础服务部门不同，应该与其他读者服务区隔开，具有相对独立性。

2）查新是一项需要办公自动化很高的工作，所以配备的办公设备要优良，如计算机的配置、其他办公辅助设施，这些都是保证查新工作顺利进行的基础。

（2）订购相对齐全的数据库。文献信息资源是检索的物质基础，要保证查新质量就必须保证所要查找、筛选的文献资源获得渠道的畅通。这就需要图书馆为查新工作部门订购一定数量的数据库作为信息查找的保证。

（3）重视互联网上免费信息资源的查询。随着因特网的迅速发展，网上免费信息资源的价值越来越不容忽视。一些官方推出的免费数据库站点具有快速、检索方便、内容丰富、节省费用等优点。

（4）加强协作，以共享方式实现文献资源的联合保障。随着信息技术的发展和信息量的快速膨胀，以及交叉科学的日益增多，图书馆查新部门作为独立的信息查询机构可能很难满足来自多种专业、多种层次的科技查新工作的需要。因此，针对查新所需文献信息资源具有一定的相似性和重叠性，各信息情报机构可以密切合作、合理分工、互惠互利，从整体上协调文献信息资源建设，以共建共享的方式为查新提供文献信息保障。

（5）制定规范的查新管理制度。科技查新工作是推进科技项目立题的科学化及科技成果管理工作规范化的一个重要环节，它是一项科学性、法规性很强的工作。为确保查新工作的质量，图书馆查新工作应该制定全面、系统的查新工作管理规范，使查新工作在制度化管理中顺利进行，并不断与用户沟通，不断完善自己的规章制度，及时改进查新工作。

（6）不断加强科技查新工作人员的素质培养。科技查新咨询不仅是一项科学性、技术性很强的信息服务工作，而且是一项高智力的信息活动，它对从业人员的素质有较高的要求。所以，图书馆在选择查新工作人员时要全面对查新工作人员的素质进行考察。保证具有扎实的专业知识、广博的知识面、较强的综合分析与判断能力并能熟练使用各种情报检索技巧，具有一定外语能力和计算机操作技能的人员来担任查新工作。并在今后的工作中，对查新人员进行不间断的培养，以保证其知识更新的速度和能力的提高。

（7）建立专家咨询制度。图书馆查新工作要建立专家咨询制度，以专业为基础，聘请一定数量的专家成员，形成一个专家咨询团队。对在查新中遇到的专业上的各种疑难性问题可以及时向各学科的专家请教，以弄清、弄懂课题性质，防止检索出现偏差。专家咨询制度是对查新质量的一项有力保证，因为无论图书馆查新工作人员的素质有多高，毕竟不可能具有各项专业知识，而向专家咨询可弥补查新人员专业知识方面的不足，查新人员和咨询专家互相配合，将使查新结论更加准确，查新工作更趋完善。

（五）图书馆个性化信息服务

1. 个性化信息服务的特点

个性化信息服务是指图书馆根据用户对信息需求的特点，在现代化信息技术和数字化信息资源基础上，为用户提供的定向化的信息服务。这种服务的实现有两种方式：①用户根据自身的兴趣、爱好和需求定制自己所需要的文献信息资源和信息服务；②图书馆作为提供者通过对用户个性化信息查询行为和个性化特征进行全面分析，对信息资源进行收集、整理和分类，主动向用户提供和推荐相关信息。

个性化信息服务是把"以人为本、读者至上"的信息服务理念上升为实践的服务活动，通过利用现代化的信息服务手段以快速、便捷、主动、高效的信息服务模式出现在图书馆读者和用户面前的。个性化信息服务针对每个用户采用的服务方式不同，提供文献信息资源的内容也不同。这种服务与图书馆的其他服务形式相比，具有自己的特征：

（1）服务对象个性化。个性化信息服务是以用户为中心的主动服务，它同以往被动式的服务形式有极大区别。它是根据每个用户的独特信息需求提供有针对性的服务内容，对不同的用户采取不同的服务策略，提供不同的服务内容的服务行为，其目的是满足用户的个性化需求服务的。

（2）服务内容的个性化。传统图书馆提供的服务是一种"图书馆提供什么，读者或用户就接受什么"的模式，这种模式中图书馆所提供的服务是千篇一律的形式。个性化信息服务提供的是有特色多种多样的服务。这种服务具有针对性，是一种"读者或用户需要什么，图书馆就提供什么"的新的服务方式，用户可以根据自己的需求选择自己需要的信息服务，从而各取所需、各得其所。

（3）服务方式的个性化。个性化信息服务是一种智能化的服务。在整个图书馆个性化服务的过程中，从信息过滤、数据挖掘、知识推送到界面定制等服务的开展均是以各种信息技术为支撑的。

（4）服务时间、空间个性化。在互联网快速发展的情形下，图书馆的信息服务在空间上已经延伸到馆外，突破了时空的限制，使用户能在其希望的时间和地点得到自己选择的服务。

（5）服务方式的互动化。个性化信息服务的发展方向是不断增强系统与用户的互动性，使其既能提供足够的弹性空间，实现用户自己创建自己的信息集合功能；还能通过图书馆与用户之间相互交流模式，使用户可以将更多的时间用在评价数据、信息或知识的价值上。

2. 图书馆个性化服务发展的必要性

（1）图书馆个性化服务是迎合读者或用户需要的一种服务。随着网络技术的发展，用户获得信息的主要障碍已从距离上的障碍转变为选择上的障碍。而对这种转变，图书馆必须将信息服务工作重心进行转移，即从以我为中心的被动服务向以用户为中心的主动服务转变，这样才能跟上信息时代的发展，为自身的发展创造条件。

（2）图书馆服务水平和服务质量的提高需要向人性化的方向转变。信息时代的到来和信息革命对人类社会的冲击，是展现个性、倡导创造力的一个崭新契机，使人们有可能在高水平的生产力的基础上重新恢复符合个性、为个性发展提供广阔发展空间的个性化服务。只有这样的服务，才能真正满足用户的需要，尤其是信息时代人的全面发展的需要。因此，只有个性化的信息服务才有可能使信息服务业得到迅速有效的发展，才能从根本上改变图书馆信息服务的被动局面。

（3）个性化信息服务是转型时期图书馆自身发展的需要。网络环境下，一方面，图书馆同行之间竞争日趋激烈；另一方面，图书馆不再是提供文献信息服务的唯一机构，一些联机检索机构、出版社等合作组织都向网上用户提供电子信息服务，这也对转型时期图书馆的信息服务发起了严峻挑战。面对挑战，转型时期的图书馆必须开拓服务领域，开创独具本馆特色的服务项目，创立属于本馆特色的服务品牌，以吸引读者的注意力。

（4）读者信息需求的复杂性和差异性增加。由于读者的年龄、性别、知识结构、文化背景、爱好、兴趣差异，决定了读者信息需求的个性化。在研究领域，研究人员面对的是全新的学术范畴，在研究之前，必须进行文献资源调查，以了解该课题在专业领域的发展状况，并搜集相关的研究内容。在研究过程中，也要随时查询与课题相关的学术动态，这种求异性也决定了读者对信息的个性化需求。在当今的信息环境中，信息处理的模式难以适应这种要求，而个性化信息服务的开展，不仅弥补了这种缺憾，而且极大地提高了读者服务质量。

3. 个性化信息服务的服务形式

（1）个人图书馆服务模式。个人图书馆服务模式是用户从图书馆网站所提供的全部数字资源里，选择自己需要的文献信息资源，然后存在个人图书馆服务模式中，之后再次访问时，读者将获取与此相关的具体内容。此系统的目的是通过允许用户选择定制自己所需的文献信息资源，并自己进行资源组织以减少信息的重复查阅和筛选。

个人图书馆服务模式是一个图书馆提供的由用户需求驱动的、可对特定图书馆的信息资源进行个性化定制的个性化服务系统，也是图书馆提供给用户的本馆信息资源的一个门户。应用此系统的目的是为用户创建基于特定馆藏资源的个性化的资源与服务的集合，减少信息过载。个人图书馆服务系统主要有如下功能：

1）门户功能。主要负责用户身份的认证、个人定制信息的收集、用户行为的记录和分析、用户喜好的页面样式风格设定等。

2）链接功能。包含用户收录和选取的各种本馆数字资源和服务链接、互联网资源及其访问入口等。

3）更新功能。系统定期对用户自行设定的某些关键词或链接进行检测，一旦检测到新的内容，就会向用户发出最新信息提示，帮助用户及时掌握相关领域或学科的最新动态。

4）存储功能。系统分配给每个注册用户一定的网络物理存储空间，供用户保存和管理个人数据或在信息查找过程中搜集到的互联网资源。

5）信使功能。向用户发送信息，方便用户和馆员之间书信往来。

（2）信息推送服务——基于 RSS 功能的新信息传播媒体的服务模式。该模式在实现个性化主动式信息服务的过程中，运用互联网推送技术，充分体现了"信息找人"的主动性信息服务理念。由系统软件或人工根据用户的预留信息，定期对资源进行有目的的搜索，并对结果进行组织、加工和分类，结果经由 E-mail、预留页面通告、频道热点推送等途径传递至用户。其中功能性比较好的是基于 RSS 功能的服务。

真正简单的网站联合和丰富站点摘要的缩写，是一种基于 XML 的网站内容交换和聚合标准。它具有强大的信息发布、推送和聚合功能，以及更好的时效性、可操作性、互动性和个性化等特点，成为新一代互联网的必然发展趋势。图书馆基于 RSS 技术提供的个性化信息服务主要有：

1）最新信息发布：主要包括图书馆新闻动态、新书信息、数据库信息、讲座、培训通知等。

2）网络资源推荐：主要是对学术网站、学术研究型博客、学术性网摘、学科最新发展动态等资源的整合和推送。

3）图书馆数据库订阅服务：方便用户浏览、查阅 RSS 期刊目次。

4）参考咨询服务：为用户提供一个与图书馆交流的平台，及时解决每位用户遇到的问题。

5）个性化 RSS 服务项目：书目预约、书目借还提醒等。

（3）呼叫中心服务模式——手机图书馆。主要针对用户的参考咨询等需求，以计算机、传真、电话等为设备基础，计算机电话集成技术基础，构建能提供一对一的融合通信网络和计算机网络功能的交互式增值服务的多媒体平台。

以手机图书馆为代表，手机图书馆是一种新兴的集阅读、娱乐、互动为一体的多媒体信息传播方式，具有手机增值服务和图书馆服务的双重属性。它的最大优点是实时交互性及文化传播功能，改变了信息需求与推送间的滞后现象，使用户更加简洁顺畅地定制、访问图书馆的资源和服务。当前手机图书馆的主要功能有：读者账户维护功能；文献查询、续借、预约、推荐功能；馆藏电子资源实时阅读功能；图书馆消息告知功能；参考咨询互动功能。

（4）信息垂直门户服务模式。这是一种充分体现了图书馆个性化信息服务专业化特点的服务模式。面对特定专业群体的专业化信息需求，在某一领域相关资源的纵深面进行了深入挖掘，构建一个立体、高效、有序的信息环境，并结合专业化搜索引擎，设计有学科特点的课题化垂直门户。

（5）信息代理服务模式。这一模式同样体现了个性化信息服务的主动性，不同的是它具备了自动化、智能化的特点。其核心内容是利用智能软件，对用户的行为和需求进行跟踪分析，以此为依据自动完成搜索行为，辅助指引用户浏览信息资源。信息代理服务整合各种服务模式，为形成个性化信息服务的有机体提供可能，进一步提升了服务品质，减少用户操作时间。

（6）网络智能服务模式。这是处于网络环境下个性化信息服务的高级阶段，特征是以人工智能信息处理技术为主导进行一系列侧重于知识特性的资源组织、处理等相关活动。主要内容为特色专题知识仓库，即一个经过有目的的知识创新后，附加存储了数据和知识的使用情况及传承线索的特殊的信息库。其在为人们的信息搜索行为中提供辅助、指引的功效优于一般数据库。

三、图书馆服务环境

图书馆服务环境，就是为用户提供各种服务，为用户获得图书馆服务并进行服务体验的外在周围条件。它意味着图书馆建设的用地、馆舍以及各种设备，包括内部的装修和信息服务设备等所有的自然和物质因素。

（一）图书馆服务环境的设计

图书馆良好的服务环境是提供优质服务的基础，其主要依赖于科学、合理、专业化的服务环境设计。在服务环境设计中，设计者要根据图书馆服务的性质和服务特点来进行规划，具体从整体规划和人性化原则出发，进行统筹设计。

（1）整体规划原则。图书馆应该具有一个多功能的开放式环境，以满足各类人群的需要，因此，功能区的合理划分就显得尤为重要。图书馆服务环境设计应针对图书馆提供服务的各种方式来对全馆进行划分，如咨询服务区、阅览区、文献存贮区、研究区、办公区、网络服务区等一系列功能服务区。但这种划分不要孤立地进行，应在整体规划的范围内进行考虑。

（2）人性化原则。在图书馆的环境设计中必须体现人性化的设计理念，这里的"人"既包括读者和用户，也包括图书馆的工作人员。在设计中充分考虑到读者和工作人员的环境需求和心理需求，把重点放在满足人的需求的细节上。在此基础上要体现审美的要求，把图书馆建成一个既美观又实用的建筑物。

（二）图书馆服务环境设计的内容

（1）馆舍的选址。图书馆要尽量选在交通便利的地方，以便有利于读者和用户的访问。

（2）馆舍的外观。要具有时代特色，目前，很多图书馆都是一个城市的文化象征，所以图书馆的外观可以突破传统，形成自己的特色。馆舍四周要做好绿化工作，形成闹中取静的空间范围。

（3）馆内布局。图书馆内部的基本环境要素要符合人类潜意识的需求，包括馆内颜色基调、光线明亮度、空间处理等基本内容；符合安全性需求。图书馆是一个人群相对密集的地方，要考虑到一旦存在危险，人员紧急疏散问题；服务设施要布局合理，体现各种功能需要，同时要适应各类文献的使用与管理特点。

（4）馆内标志系统。现代图书馆内部范围较大，实行的又基本是开放式管理。所以读者和用户在对图书馆不熟悉的情况下，对图书馆的利用主要依靠各种馆内标志。所以，馆内标志系统也是图书馆环境设计的一项重要内容。在设计馆内标志时要注意的内容包括：①优先选用现实生活中的通用标志；②位置醒目，内容明确；③标志形式要符合整体设计的要求；④标志高度合理，易于发现。

（5）馆内文化氛围营造。图书馆设计要体现文化氛围，这里的文化氛围包括馆内的各种装修和装饰。作为一个文化交流场所，图书馆要具备文化特点。馆内的装修品要有文化品位，以突出图书馆文化，可以采用雕塑、书法、图画等艺术品，也可以使用名家警句来营造学习气氛。

（6）馆内各种设施的选择和安装。图书馆内设施包括五类：①基础设备，如照明设备、空调设备、水暖设施等；②各种家具设备，如各种书架、阅览和办公桌椅；③各种电子设备，如服务器、计算机、检索机、视听设备、复印设备等；④图书馆服务工作的辅助工具。如书车、书梯、装订设备等；⑤各种管理系统、办公自动化软件等无形的设备。这些设施的选择和安装要符合馆内环境设计的统一规划，以便能更好地发挥图书馆的功能。

（三）图书馆服务环境建设

（1）图书馆服务环境建设影响服务的全过程。图书馆的外观设计就是图书馆服务的开端，一个好的设计会树立图书馆服务的品牌形象，吸引人们走近它。而馆内的其他环境因素都可以成为读者下次走进图书馆的原因。这主要归因于服务生产和消费同时性的特点，读者或用户通过在图书馆接受服务的过程形成服务环境与服务的印象，而印象的优劣会影响读者或用户利用图书馆的意愿。

（2）图书馆服务环境建设可以促进馆员和读者或用户的沟通。舒适的服务环境不仅影响着读者对图书馆的心理评价，而且影响工作人员在图书馆工作的心情和服务工作的质量。这些主要是由于环境对人的心理因素的影响。在好的、优美的环境下，人的心理趋于平和。人的交流态度会显得亲切、随和，更利于人类之间的沟通。

（3）图书馆服务环境建设可以促进和影响读者或用户利用图书馆的行为。图书馆服务环境建设究其根源是为了满足读者对图书馆的需求，因此，图书馆的规划、设计、营造和管理都要以促进读者利用图书馆为首要任务。只有当读者对服务环境认同并形成好的印象，图书馆服务环境才达到了其建设目的。

第二节　现代图书馆的质量管理

一、质量和质量管理

（一）质量的定义

质量是一组固有特性满足要求的程度。对于这个定义可以从以下方面来理解：

（1）"要求"。指的是明示的、通常隐含的或必须履行的需求或期望。其中明示的要求涵盖技术要求、市场要求和社会要求。这种"要求"应以文件的形式明确加以规定。隐含的需求或期望则包括两种含义：一方面，是顾客和其他相关方在现有条件下的合理需求或期望；另一方面，这种需求或期望是人们公认的、不言而喻的、不需要明确规定，如惯例和一般做法。此外，要求中还包括必须履行的要求，这是法律、法规规定的有关健康、安全、环境、能源、自然资源、社会保障等方面的要求。

（2）"特性"定义中特性是指事物所特有的性质，固有特性是事物本来就有的，它是通过产品、过程或体系设计和开发及其之后过程中形成的属性。例如：物质特性、官感特性、行为特性、时间特性、人体功效特性、功能特性等。这些固有特性的要求大多是可测量的。

（3）"满足要求的程度"。就是应满足明示的（如明确规定的）、通常隐含的或必须履行的需要和期望。只有全面满足这些要求，才能评定为好的质量或优秀的质量。

（二）质量管理的含义

质量管理只是管理的一个方面，必然具有管理的普遍性，但由于质量管理是在质量方面的一种有组织、有计划、有目的的管理活动，所以质量管理又具有一定的特殊性。因此，质量管理指的就是为了实现质量目标而进行的所有管理性质的活动。具体内容包括：

（1）质量方针。由组织的最高管理者正式发布的该组织总的质量宗旨和方向。它是企业经营总的方针组成部分，是管理者对质量的指导思想和承诺。其基本要求应包括供方的组织目标和顾客的期望和需求，也是供方质量行为的准则。

（2）质量目标。质量目标是在质量方面所追求的目的。是企业行为的理论依据，对产品质量、运行有效性等具有积极影响。

（3）质量策划。质量管理的一部分，致力于制定质量目标并规定必要的运行过程和相关资源以实现质量目标。包括产品策划、管理和作业策划、编制质量计划和做出质量改进规定。

（4）质量控制。为达到质量要求所采取的作业技术和活动称为质量控制。这就是说，质量控制是为了通过监控质量形成过程，消除质量环节中所有不合格或不满意效果的因素，以达到质量要求。

（5）质量保证。指为使人们信任某一产品、过程或服务的质量所必须具备的全部有计划、有组织的活动。

（6）质量改进。为向本组织及其顾客提供增值效益，在整个组织范围内所采取的提高活动和过程的效果与效率的措施。质量改进是消除系统性的问题，对现有的质量水平在控制的基础上加以提高，使质量达到一个新水平、新高度。

二、图书馆质量管理体系的内容与构建

（一）图书馆质量管理体系的内容

（1）质量管理的方针和目标。图书馆的发展有着明确的方向，这一方向指导图书馆管理及服务发展的方向，也决定着质量管理的方针和目标。这个方针和目标就是在读者满意的基础上，大力发展图书馆事业。

（2）质量管理体系的任务。由于信息社会和科学技术的快速发展，读者对信息服务的需求不断变化，为了促使图书馆持续地改进服务项目和服务品质，图书馆建立此质量管理体系。以读者的需求和期望为研究对象，归纳出读者的需求并以规范性、标准性文件的方式表达出来，成为图书馆质量管理中的行为准则，最终达到读者满意的效果。

（3）质量管理体系要求。质量管理体系的要求包括各种工作规范、活动程序、质量标准等一系列日常工作行为应参考的各种规范性文件和活动的程序。这些文件能帮助管理层和普通馆员沟通意图、统一行动，有助于质量管理要求的完成。

（4）质量管理体系的方法。以各种统计法为基础的质量管理方法的运用。

（5）质量管理体系的评价。包括质量管理体系中过程的评价、体系审核、体系的评审和自我评定。

（6）最高管理者在图书馆质量管理中的作用。

（7）质量管理体系的改进。质量管理体系并不是一成不变的死规定，但频繁地改动也会引起质量管理工作的混乱。所以，作为一个规范性体系，质量管理体系的改进需要有可以说明的数据，并遵从一定的程序，最后才能通过执行。

（二）图书馆质量管理体系的全面构建

任何组织都需要管理，当管理与质量又联系起来时就是质量管理。质量管理是在质量方面指挥和控制组织的协调活动，通常包括制定质量方针、目标以及质量策划、质量控制、质量保证和质量改进等活动。组织要想实现自己的质量管理的方针和目标，就要有效地开展各项质量管理活动，这时就要建立相应的管理体系，这个体系就叫质量管理体系。

图书馆质量管理体系是图书馆内部建立的、为保证服务质量或实现服务目标所必需的、有系统的质量管理活动。它根据图书馆工作的特点选用若干体系要素加以组合，为加强从图书外借、阅览、信息服务、数字化管理等若干项针对用户和图书馆内部管理设置的标准化、制度化的规范性体系和活动程序。

质量管理体系是图书馆管理体系的重要组成部分，是为提高图书馆的服务品质和管理效率而建立的系统；质量管理体系是图书馆内部建立的管理系统，应符合自身的实际情况；质量管理体系与质量管理认证不存在必然的联系；为了保证服务质量和工作目标，质量管理体系要根据情况，按规定进行适当修改。

1. 图书馆质量管理体系的构建原则

（1）以读者为中心原则。图书馆是为读者提供信息服务的组织，为读者服务是图书馆不变的工作内容。图书馆实行质量管理的目的就是更好地为读者提供各种服务，所以，质量管理体系应该是以读者为中心的。而为实施这一质量管理原则，图书馆要充分考虑的因素包括：①全面了解读者的现实需求和合理期望；②在图书馆内部对读者的需求和期望进行交流；③使图书馆质量管理方针、目标体现读者的需求和期望；④调查和评估读者对图书馆的满意程度，并采取相应的改进措施；⑤兼顾读者与其他相关方的利益；⑥与读者建立良好的沟通渠道。

（2）馆员的全面参与原则。馆员是质量管理体系贯彻的执行者，只有他们的充分参与，才能使馆员发挥才干为图书馆带来发展。这其中应该包括的内容有：①激发馆员的工作精神、积极性和创造性；②将质量管理目标分解，明确馆员的工作任务；③明确质量管理的具体要求；④鼓励馆员运用工作自主权，独立处理相应问题；⑤提高馆员的知识、能力、经验；⑥使馆员获得工作成就感和自豪感。

（3）充分发挥图书馆领导者作用的原则。图书馆的领导者包括馆长和中层管理者。他们对质量管理体系的形成起到了决定性作用。这里要求馆长做好图书馆的发展战略和行为价值观的确定工作，而其他管理者做好管理制度的执行工作。具体行为包括：①制定图书馆的发展规划、方针和目标；②创建共同的质量观，形成和保持组织文化；③规定图书馆的组织结构，包括职责、权限；④创建和谐的工作环境，加强馆员间的信任、沟通与竞争。

（4）持续改进性原则。质量管理涉及的所有内容不是固定的，应该根据总体的业绩进行持续的改进。具体包括：①制定指导性的，可实现的持续改进目标；②采取有效的改进方法：过程监测、体系审核、数据分析、纠正措施和预防措施。

（5）基于事实的决策方法原则。图书馆的质量管理是建立在数据和信息分析的基础上，因此要贯彻这一原则要实施的行为包括：①按规定的渠道和方法收集有关数据和信息；②确保数据和信息的真实性、准确性、及时性；③采取适当方法进行数据处理和信息分析；④决策民主化、科学化、程序化，要杜绝决策的主观随意性和盲目性。

2. 图书馆质量管理体系的建立、实行的步骤

图书馆为了开展质量管理工作，必须构建一个完善有效的质量管理体系。构建这个体系是一个复杂的工作和过程，具体可以通过以下步骤进行：

（1）做好构建质量管理体系的准备工作。

1）质量管理工作虽然是图书馆日常管理工作的一部分，但图书馆为了今后的发展，有意将质量管理推向标准化、制度化和国际化，就更需要质量管理科学方面的知识，掌握质量管理的概念、标准的术语和这门科学基础理论。所以，要想构建达到国际标准的质量管理体系，必须学好质量管理科学。

2）在馆内设置专门的组织和人员来承担质量管理体系的构建工作。质量管理体系构建工作复杂、琐碎，不可能由一个人完成，图书馆应该设立专门的工作小组，并由图书馆领导直接负责这项工作。专门小组的工作人员要根据一定的要求进行选择，要有很强的责任心，勤奋好学的精神，具有良好的图书馆学、信息学、质量管理方面相关知识，熟悉图书馆业务工作，具有较强的沟通和协调能力。

3）做好构建前的调查、咨询、资料准备工作。构建质量管理体系不是纸上谈兵，不能单纯依靠各种专业知识来构建理想化的蓝图，而是应该实事求是，切实从所在图书馆的具体情况出发，广泛征集相关意见，对有价值的建设予以参考，适当引进成熟案例范本，为最终形成文件做好准备。

（2）编制质量管理体系的各种文件。既然要建立质量管理体系，那么相应质量管理文件就不可缺少。这些文件是图书馆质量管理行为和活动所须遵守的准则。图书馆质量管

理体系文件主要包括：质量手册、程序文件和岗位工作细则。其中，质量手册规定的内容有：图书馆的质量方针、组织机构及其职责、质量体系要素的描述等；程序性文件是为进行某项活动所规定的途径，其主要内容有：程序文件名称、目的、适用范围、职责、工作程序、相关文件、记录表格等；岗位工作细则，岗位工作细则是对各个工作岗位的岗位职责和工作规范的具体规定，内容主要有：岗位名称、岗位职责、工作流程、依据文件等。

（3）质量管理体系实行前的培训工作。质量管理体系涉及的各种规范性文件，不是普通的工作守则或行为规范，而是按照国际标准化的要求进行设计、制定的。所以，难免在文件中存在晦涩难懂的词句，这时就需要从事规范性文件编撰的人员对普通馆员进行讲解和诠释。这样才能使这些文件融入图书馆的日常工作中去，并避免馆员从不同角度理解这些规定，从而保证行为的一致性，最终使质量管理规范得到很好的贯彻执行。

（4）质量管理体系的试运行。图书馆质量管理体系构建完成后，不能直接适用。而是需要在正式执行前进行必要的试运行。利用试运行阶段在试运行过程中，有针对性地做好两项工作：①继续宣传贯彻质量管理体系文件，务必使馆员认识到质量管理体系是一种全新工作变革，要适应这种变革就必须认真学习、贯彻质量管理体系文件；②注重发现运行过程中的问题。质量管理体系是工作人员根据相应的材料和设想制定的，必然会存在一些问题，有些是操作上的，有些是理论上的，因此，试运行阶段一定应注意这类问题和有关信息，并将这些信息收集、分析、传递、反馈、处理和归档，以便修正、完善质量管理体系。

三、图书馆质量管理体系的认证

质量认证是随着商品交换中的质量保证问题的产生而发展起来的，图书馆质量管理体系认证是图书馆依据质量管理体系标准从事质量管理，然后由质量管理体系认证机构对图书馆质量管理体系实施过程进行评定，并通过颁发体系认证证书的活动。

作为质量管理体系中的一项工作，认证是对图书馆的质量管理具有积极的作用和意义，主要表现在：①图书馆实施质量管理体系认证具有质量保证作用；②认证可以提高图书馆的服务信誉；③质量体系认证为图书馆提供了科学的管理手段，使图书馆的质量管理体系规范化，从而提高了服务的质量、工作的质量和效率；④质量管理体系认证有效地保护了读者的利益；⑤质量管理体系认证促进了馆际交流和国际交流。

图书馆质量管理体系认证过程如下：

（一）体系认证的提出申请阶段

（1）选择体系认证机构。第三方质量管理体系认证应由图书馆或图书馆委托的专业认证代理机构自愿申请。图书馆或图书馆委托的专业认证代理机构可以自愿选择决策是否申请认证，自愿选择由中国质量体系认证机构国家认可委员会认可的质量体系认证机构。图书馆或图书馆委托的专业认证代理机构在选择体系认证机构时，主要考虑权威性和读者是否接受。权威性是指质量管理体系认证机构的知名度、影响和信誉。

（2）申请认证的条件。图书馆要提供证明自己地位的法律文件和已经按现行标准建立了质量管理体系所需要的各种文件。

（3）申请过程。图书馆或图书馆委托的专业认证代理机构应向认证机构提交一份正式的、由馆长签署的申请书，申请书的内容应包括：申请认证的范围；申请人同意遵守认证要求，提供评价所需要的信息；在现场审核之前，图书馆或图书馆委托的专业认证代理机构至少提供下列信息：图书馆的简要概况，如具体名称、地址等相关信息，有关质量管理体系及其过程的一般信息，对拟认证的质量管理体系所适用的标准或其他引用文件的说明，质量手册及所需要的其他相关文件。

（二）体系认证的受理申请阶段

（1）认证机构在收到图书馆或图书馆委托的专业认证代理机构的申请后，应通过信息交流，初次会谈等方式，了解申请人的基本情况，对申请书进行评审并保存记录，以确保认证的各项要求规定明确，形成文件并得到理解；认证机构与图书馆或图书馆委托的专业认证代理机构之间在理解上的差异得到解决；对于图书馆或图书馆委托的专业认证代理机构申请的认证范围、工作场所及某些特殊要求，认证机构有能力实施认证。

（2）认证机构应在规定时间内做出是否受理申请的决定，并以书面形式通知图书馆或图书馆委托的专业认证代理机构，如不接受申请应说明理由。

（3）受理申请后，认证机构与申请方签订"质量管理体系认证审核合同书"，双方承担合同责任。

（4）认证机构应向图书馆或图书馆委托的专业认证代理机构提供必要的文件和资料说明以下请求：始终遵守认证的有关规定；为进行评定、监督、复评和解决投诉做出必要的安排；仅对获准认证的范围做出声明；在宣传认证结果时不得损害认证机构的名誉，不得做使认证机构认为误导或未授权的声明；当认证被暂停或撤销/注册时，应立即停止涉及认证内容的宣传，并按认证机构的要求交回所有认证文件；只能用认证来证明其质量管理体系符合了特定标准或其他引用文件，不能用认证来暗示其服务得到了认证机构的批准；确保正确使用认证文件、标志和报告或报告中的任何一部分；在各种媒体中的认证宣传应符合认证机构的要求。

（5）当申请的认证范围涉及某一特定的认证计划时，认证机构应向申请人提供所需要的解释性文件。

（三）体系认证的文件审查阶段

文件审查是现场审核的基础和先行，当认证机构原则上接受图书馆或图书馆委托的专业认证代理机构的审核申请后，应对图书馆的质量管理文件进行初步审查。

（1）文件审查的主要对象。图书馆提供的描述质量方针、质量目标的文件和质量手册。如果质量手册提供的信息不足以判定是否可以实施后续的审核，可要求图书馆或图书馆委托的专业代理机构提供质量管理体系文件清单，并从中选择需要审查的文件，必要时，可安排初访进一步收集有关的信息。

（2）文件审查的目的。了解图书馆的质量管理文件是否满足质量管理体系标准的要求，从而确定是否能实施现场审核；了解图书馆的质量管理体系的情况，以便制订审核计划。

（3）文件审查的要求。文件内容应该符合相关法律、法规的要求；质量管理体系文件应是现行有效版本，并符合文件控制要求；文件内容应该满足申请认证的质量管理体系标准的所有要求，对图书馆不适用的过程所对应的质量管理体系要求的删减应在质量手册中加以说明，并做出合理性解释；名词术语应该符合相应标准，如果图书馆有专有术语，应给出定义。

（4）文件审查人。通常由认证机构指定的此审核项目的审核组长进行，也可以由认证机构指定的其他审核员进行。

（5）文件审核程序。认证机构将图书馆提交的描述质量方针和质量目标的文件、质量手册交给指定的文件审查人；文件审查人对这些文件对照质量管理体系标准的要求进行初审，必要时与图书馆就图书馆的具体情况进行沟通；文件审查人员按认证机构的要求提交文件审查报告，做出文件审查结论；图书馆根据文件报告中的要求，需要时，对质量管理体系的文件进行修改或补充；文件审查人员对修改或补充的内容进行确认，直到总体上符合要求。此外需要注意的是，文件审核程序的文件审查只是初步评审，在现场审核阶段，还应结合图书馆的质量管理体系实施情况对文件的符合性、充分性和有效性进行进一步审查。文件审查的最后结果应体现在审核报告中。

（四）体系认证的准备

（1）认证机构的准备。认证机构负责人向审核部下达《项目审核任务书》；任命审核组组长组成审核组；将审核组成员名单通知图书馆，并提醒图书馆对所指派人员和专家是否持有异议；正式任命审核组，并发放适当的工作文件；认证机构指定相应业务范围的专职人员负责质量管理体系审核工作的专业管理；审核组长或由其组织的有关人员对图书馆的质量手册等质量管理体系文件进行审查，了解受审核方建立的质量管理体系是否满足现行标准的要求，并初步确定审核的范围和删减的合理性，对在文件审查中发现的问题进行记录，通知图书馆在要求的限期内进行纠正。

审查组组长根据审核准备情况与图书馆商定是否需要进行初访；审核组长根据认证合同、文件审查和初访的结果制订审核计划，报认证机构授权人员批准，并将批准后的审核计划提交图书馆认可；审核组长对图书馆根据文件审查结果对有关文件的修改情况进行验证；现场审核前，审核组长召开审核组会议，明确分工，熟悉图书馆的质量管理体系文件；审核员按分项编制检查表，审核组长进行总体协调，确保其内容覆盖所有需要审核的过程和部门。

（2）配合审核组的工作，准备好审核时所需的工作条件；对有关条件和记录进行清理，以便于审核过程中方便调阅。

（五）体系认证的实施审核

实施审核的主要目的是通过收集审核证据，评定图书馆的质量管理体系实施情况是否与质量管理体系文件的规定一致并有效运行，确定质量管理体系与审核准则的符合程度，并做出审核结论；实施审核的主要活动包括首次会议、现场审核、审核组内部交流会议、与图书馆沟通会议、末次会议和编制并提交不合格报告；审核组长向认证机构提交审核报告，认证机构应及时将审核报告提供给图书馆或图书馆委托的专业认证代理机构。

（六）体系认证的纠正措施的跟踪

图书馆针对审核组提交的"不合格报告"中所列的不合格项应采取有效的纠正措施，防止不合格再次发生，并向认证机构或审核组报告纠正措施的实施情况；认证机构或审核组对纠正措施完成情况及其有效性进行验证，并对纠正结果做出判断和记录，关闭整个审核过程。跟踪过程应在一个月内完成，对于严重不符合的跟踪过程应在正式审核后三个月内完成。对于性质极其轻微的一般的不合格可在现场审核期间由图书馆立即完成整改，审核员及时进行纠正措施追踪验证，如确已完成，应在不合格项报告中注明。

（七）体系认证的审批发证

（1）认证机构的审核部对审核报告和相关资料提出初审意见。

（2）认证机构的技术负责人提出审定意见后，提交技术委员会。

（3）技术委员会主任召开技术委员会会议，审定审核报告的公正性、客观性、做出审定结论。

（4）认证机构主任根据初审意见及审定结论审批报告，做出是否准予认证注册的决定。

（5）认证机构及时将审核结论以书面形式通知图书馆。

（6）认证机构向通过审核的图书馆颁发统一编号的印有认证机构认证标志和国家认可标志的质量管理体系认证证书，证书的有效期为三年。

（八）体系认证的监督审核和管理

在证书三年有效期内，认证机构负责对已获得认证证书的图书馆进行监督审核和管理。首次监督审核一般在获证半年后进行，以后每年进行一次。必要时可进行不定期的监督审核，但一般每年不超过两次。对在审核和管理中所发现的问题，按其轻重程度有认证暂停、认证撤销和认证注销三种处罚方式。

（九）体系认证的复审

对已获认证的图书馆出现一些特殊情况时，认证机构应对其质量管理体系进行复审。如获准认证的图书馆对其质量体系做了重大更改，发生了严重的读者投诉事件，发生了影响到其认证基础的更改等事实。认证机构根据复审结果，可做出换发证书或认证撤销的决定。复审的程序与初次审核的程序基本一致。

（十）体系认证的再次审核（复评）

已获认证的图书馆的证书有效期届满时，认证机构根据提交的重新认证的申请，认证机构将再次组织认证审核（复评）。

第三节　现代图书馆的文化管理

一、图书馆文化的功能

（1）向导功能。图书馆文化是反映图书馆整体的共同追求、共同的价值观和共同的利益，它对图书馆馆员和读者群的思想、行为产生向导作用。良好的图书馆文化能够潜移默化地影响馆员接受并形成本馆共同的价值观，能在文化层面上结成一体，朝着共同确定的图书馆目标奋进。同时，图书馆也在对读者的服务中影响读者，使其养成良好的行为习惯等。

（2）凝聚功能。在特定的文化氛围之下，全体馆员通过自己的切身感受，产生对本职工作的自豪感和使命感，对图书馆的目标、准则和观念的认同感和归属感，馆员把自己的思想、感情、行为与整个图书馆联系起来，使图书馆产生强大的向心力和凝聚力，发挥整体优势。

（3）激励功能。在图书馆文化创造的尊重人、理解人、关心人的氛围中，激发和调动全体成员的积极性和创造性，为实现图书馆的共同目标而团结拼搏。

（4）调解功能。图书馆文化能起到优化精简组织机构、简化管理过程的作用，也可以调解人际关系，形成良好的氛围。图书馆文化最终把图书馆的价值观作为引导图书馆发展的最终依据和衡量决策方案优劣的尺度。在图书馆文化的作用下，全体成员有共同的价值观，共同的语言，互相理解、互相信任，促进了彼此间的充分交流，在工作中形成良好的人际关系。

（5）塑造形象功能。优秀的图书馆总是向社会展示自己良好的管理风格、运行状况及积极的精神风貌，从而塑造出图书馆形象，以赢得读者和社会的承认与信赖，从而更好地为社会服务。

（6）约束功能。通过图书馆文化所带来的制度文化和道德规范，馆员们自觉接受文化的规范和约束，按照图书馆的价值观的指导进行自我管理和控制，使其符合图书馆的价值观念和发展需要。

（7）辐射功能。图书馆是社会的细胞，图书馆文化不仅在图书馆内部发挥着作用，对本图书馆员工产生影响，而且还通过图书馆为外界提供的服务以及与社会其他部门的往来关系等，把图书馆的优良作风、良好的精神风貌辐射到整个社会，对全社会的精神文明建设和社会风气的根本好转，产生积极的影响和促进作用。

二、图书馆文化管理的特点

"21 世纪是文化管理的世纪，是文化制胜的世纪，每一个追求卓越的管理家，都必须学习文化管理，亲近文化管理，把握文化管理，实践文化管理。"[①] 图书馆文化管理就是把图书馆的软要素——文化作为图书馆管理的中心环节的一种现代图书馆管理方式。它从人的心理和行为特点入手，培养图书馆组织的共同价值和全体员工的共同情感，形成自身的组织文化；从组织整体的存在和发展角度去研究和吸收各种管理方法，形成统一的管理风格；通过图书馆文化培育、管理文化模式的推进，激发馆员的自觉行为和内在积极性。

（一）文化管理以人本管理为基础

文化管理是在"人本管理"基础上发展起来的新的管理模式。它强调人是图书馆最宝贵的资源和财富，也是图书馆活动的中心和主旋律。人的范围不仅包括图书馆员，更重要的是用以人为本的理念对待读者和用户。图书馆要充分重视人的价值，最大限度地尊重人、关心人、依靠人、理解人、凝聚人、培养人和造就人，充分调动人的积极性，发挥人的主观能动性，努力提高图书馆全体馆员的社会责任感和使命感。

（二）文化管理以软性管理为主

文化管理强调从人的心理和行为入手，培养图书馆组织的共同价值观和图书馆馆员的共同情感，形成图书馆自身的文化体系。然后，通过这种柔性而非刚性的文化引导，建立起图书馆内部合作、友爱、奋进的文化心理环境以及协调和谐的人群氛围，自动调节图书馆员工的心态和行动，使图书馆的共同目标转化成为馆员的自觉行动，使群体产生最大的协同合力。实践证明，这种由软性管理所产生的协同力比刚性管理制度有着更为强烈的控制力和持久力。

文化管理以软性管理为主，不代表完全放弃刚性管理控制手段，而要刚柔并济，软硬兼施。图书馆制度同时有着刚性的一面，但要靠图书馆共同价值观和图书馆精神得以自觉遵守；图书馆道德、图书馆精神是非强制性的，但其形成的群体压力和心理环境对馆员的推动力又是不可抗拒的。这种图书馆文化软环境的建立和维持，也离不开通过执行

---

① 许雁伟.浅谈现代图书馆文化管理[J].办公室业务，2014（15）：136.

制度、进行奖惩来强化。软环境保障硬管理，硬环境强化软管理，这就形成了文化管理的辩证法则。

（三）文化管理以群体凝聚力为目标

图书馆的馆员和读者有着不同的个人经历，不同的风俗习惯、文化传统、工作态度、行为方式、目的愿望等。这些可能导致成员之间、馆员与读者之间的摩擦、对立，这往往不利于图书馆的目标实现。而图书馆文化通过建立共同的价值观和寻找观念共同点，不断强化图书馆馆员之间的合作、信任和团结，使之产生亲近感、信任感和归属感，实现文化的认同和融合，在达成共识的基础上，使整个组织具有一种巨大的向心力和凝聚力。

（四）文化管理以文化为管理的根本手段

文化管理强调"以文化人""以文治馆"。文化管理的核心内容就是认为图书馆需要建立一套适应读者要求的文化体系，以其贯穿、整理、提升和完善图书馆的管理制度和行为规范，使之完美地表现这种适应性文化的要求。同时用这种个性文化塑造馆员的思想和心灵，使他们为这种文化所指引，对图书馆文化深刻认同，成为这种文化的自觉执行者和推动者，使图书馆从物质文化、制度文化到精神文化，从静态到动态完全统一，以此来实现图书馆目标和个人目标的有机结合，实现图书馆与社会的精神文明发展的最佳组合和动态平衡。

三、图书馆精神与制度文化管理

（一）图书馆精神文化管理

1.图书馆精神文化的含义

图书馆精神文化是图书馆在实践中，受一定的社会文化背景、意识形态影响而长期形成的一种精神成果和文化观念，是图书馆意识形态的总和。图书馆精神文化是相对于物质文化而提出的，是一种更深层次的文化现象，在整个图书馆文化系统中处于核心地位，是图书馆的上层建筑。

（1）图书馆精神文化是图书馆在长期实践中自觉培育形成的一种能够代表图书馆风格和形象的精神风貌，它集中体现了一个图书馆独特的、鲜明的、具有时代特征的办馆思想和个性，是图书馆在成长和发展过程中，对各个方面工作、实践经验的高度概括和科学总结。

（2）图书馆精神文化的建立就意味着一个图书馆有着一致的价值观念，意味着图书馆员工的思想统一。图书馆员工能够在图书馆精神文化的指引下不畏艰险、努力前行，朝着共同的目标奋斗。

（3）图书馆精神文化的核心是图书馆精神。它是图书馆管理实践的总结，包括图书馆目标、馆员的价值观念、道德规范、行为准则等方面的内容，是激励和约束员工思想和行为的无形力量。

（4）图书馆精神文化是以精神现象为载体的观念文化，反映了图书馆群体的理想和目标，显示了图书馆的发展方向和服务宗旨。

图书馆精神文化是图书馆文化的一个重要组成，或者说是对图书馆文化主体意识的高度概括。图书馆精神文化是指以图书馆在长期实践中所形成的精神现象为载体的所有文化现象，图书馆精神只是图书馆精神文化的一个重要组成部分。这三个概念属于从属关系，即图书馆精神是图书馆精神文化的重要组成部分，而图书馆精神文化又是图书馆文化的重要方面。

2. 图书馆精神文化特点

精神文化处于图书馆文化的核心层，包括用以指导图书馆开展服务活动的各种行为规范和价值观念，图书馆的群体意识和员工素质等。图书馆精神文化的特点如下：

（1）不同的图书馆，其精神文化特点各不相同。这是由于每个馆都有自身的物质基础和文化氛围。不同的图书馆领导者也各有不同的价值观和性格特点，崇尚不同的伦理道德，倡导不同的图书馆精神。每一个图书馆的精神文化，都具有其自身的内容和形式。

（2）图书馆文化是时代性和历史性的统一。由于图书馆文化是经过一代又一代的图书馆人长期积累的结果，是历史沉淀的结晶，反映图书馆发展的历史进程，因而具有历史性。

（3）图书馆文化又必须紧跟时代的脉搏，科学技术的发展，保障现代社会不断增长的信息需求，能够合当代主流用户群体的人性化信息需求，因而又具有时代性。

3. 图书馆精神文化的内容

（1）图书馆价值。由于文化是人类的生活方式，而只有有益的、有价值的生活方式才可能在群体中反复出现，因而价值在文化中居于核心地位。同时，图书馆价值在图书馆文化中也起着关键作用。可以说，图书馆文化的所有内容都是在图书馆价值观的基础上产生的，是图书馆价值观在不同领域的体现或具体化。

（2）图书馆哲学。图书馆哲学是图书馆在创造物质财富和精神财富的实践活动中，从管理的内在规律出发，通过对世界观和方法论的概括性研究和总结，所揭示的图书馆本质和图书馆辩证发展的观念体系。以人为本、以文化为手段激发馆员自觉性的人文主义哲学成为现代图书馆哲学的主流思想。

（3）图书馆精神。图书馆精神是图书馆群体的共同心理定势和价值取向，它是图书馆哲学、价值观、道德观的综合体现和高度概括，反映了全体馆员的共同认识和追求。图书馆精神是图书馆文化的重要表现形式，包括图书馆坚定地追求目标、强烈的团体意识、正确的服务原则、鲜明的社会责任感、科学的价值观和方法论。

（4）图书馆道德。图书馆道德是图书馆哲学和图书馆价值的一种反映形式，它不具有法律的强制性约束力，但其具有积极的示范效应和强烈的感染力。图书馆道德是通过影响员工的思想观念，树立明确的是非观念，从而形成员工的自觉行为。良好的图书馆道德规范有助于维护图书馆内部的服务秩序和安定和谐的人际关系，提高员工的劳动积极性，对整个社会的道德规范也有良好的影响。

（5）图书馆礼仪。图书馆礼仪是图书馆员工关于图书馆礼仪的观念及其行为方式的总和，也是日常例行事务的一种固定模式。如馆员与读者沟通的方式、服务态度、衣着语言、仪式和典礼等就是图书馆礼仪的具体表现，它表征着图书馆的价值观和道德要求，塑造着图书馆形象。同时，馆员与读者同时在礼仪文化的氛围中受到熏陶，使读者自觉调整个人行为，使馆员增强为图书馆事业献身的群众意识。

（6）图书馆形象。图书馆形象是图书馆文化的综合反映和外部表现，是社会大众和图书馆员工对图书馆的整体印象与评价。图书馆形象通过员工的形象、服务的形象和环境的形象来体现。良好的图书馆形象对内可以产生强烈的凝聚力、向心力和感召力，对外可以使广大读者对图书馆产生良好的信任感。

（7）图书馆风尚。图书馆风尚是图书馆馆员相互之间的关系所表现出来的行为特点。它是图书馆员工的愿望、情感、传统、习惯等心理和道德观念的表现，是受图书馆精神和图书馆道德的制约和影响而形成的，是图书馆文化的综合体现，是构成图书馆形象的主要因素。

图书馆哲学、图书馆价值、图书馆精神、图书馆道德、图书馆礼仪、图书馆形象和图书馆风尚是图书馆精神文化的重要内容，他们相辅相成、互相促进。其中，图书馆哲学是微观的世界观和方法论，图书馆价值观是核心，图书馆精神是灵魂，图书馆道德、风尚是规范，图书馆礼仪、形象是表现氛围，这些要素彼此构成一个有机的整体。

4. 图书馆精神的培育

（1）图书馆价值观的培育。图书馆价值观不是仅仅存在于少数领导者头脑中的理想，它必须为图书馆员工群体自觉接受，才可能真正变成和图书馆共同目标一致的认识。共同价值观的确立，不是自发作用的结果，它从图书馆明确提出到员工普遍认同，再到自觉执行，需要经过长期精心的培养。

1）社会主义制度决定了图书馆的根本性质，所以，图书馆必须坚持社会主义方向，为社会主义建设服务。这是我国图书馆事业发展的根本点。

2）社会主义图书馆担负着为物质文明、精神文明、政治文明建设服务的多重任务。为三个文明建设服务是图书馆服务的根本任务。只有通过有高度社会主义觉悟的人，才能创造出高质量的符合人民群众需要的优质服务产品，才能在人类文明建设中发挥图书馆应有的作用。所以，图书馆必须注重把员工培养成为有理想、有道德、有文化、有纪律的一代社会主义人才，他们才能自觉地以主人翁的姿态去努力服务于人民。

3）一般来说，具有一定历史的图书馆，其价值观是客观存在的，但往往这种观念不易被人发现。因此，它在图书馆发展中的地位和作用也常被人忽视。确认现有图书馆价值观是塑造图书馆价值观的第一步。在确认和进一步培育图书馆价值观时应注意：要根据图书馆的规模、类型、员工素质和服务特色选择适当的价值标准；价值观要有超前性，以体现图书馆未来发展目标；图书馆价值观是一个动态体系，要随着社会环境及图书馆内在因素的变化而不断注入新内容，切实保证图书馆价值观在内容和形式上与时代发展相符。

（2）图书馆道德的培育。塑造图书馆道德体系是一项长期艰巨的任务。主要从以下三个方面进行建设：

1）努力塑造良好的图书馆社会形象。形象是图书馆道德水准的集中表现形式。在塑造图书馆形象时应坚持读者至上，服务第一，把诚信作为图书馆的信念贯穿于一切服务之中，为图书馆打下社会信任的坚实基础。

2）图书馆领导者应努力塑造人格力量。一个能干的领导者，要想得到员工的尊重和依赖，就必须树立起领导者自身的人格力量，从而引导员工的道德行为，激励员工的道德信念，感染员工的道德情操。

3）努力塑造一支具有高尚道德水平的员工队伍。道德是靠社会舆论、人们的观念、习惯、传统及教育的力量来维系的，道德建设是馆员的自我改造和自我锻炼的过程。因此，图书馆在进行道德教育时，应发动群众，通过广泛的研讨、辩论、总结经验教训，使馆员真正认识到道德规范在实践中的作用，使道德成为约束自我的准则和行为指南。

（3）图书馆精神的培育。图书馆精神包括爱国爱民的民族精神，共建共享的开放精神，爱岗敬业的奉献精神，求真务实的科学精神，宽宏博大的理性精神以及不断进取的创新精神等。图书馆精神不是自发形成的，它的确立和发展，是一个自觉提倡和培育的过程。

1）图书馆应树立榜样，因为图书馆精神只有人格化，才能具体化、实在化。图书馆精神人格化的榜样包括优秀的图书馆领导者和先进的模范人物。优秀领导者和先进模范人物体现的图书馆精神，可以成为正确舆论的先导，促使馆员观念的更新，强化对图书馆精神的认同感；榜样的崇高情操会对其他馆员产生感染，发生感情上的共鸣，从而形成积极向上的氛围；先进人物的行为会使其他馆员产生模仿效应，久而久之，使全馆人员养成自觉的行为习惯。因此，图书馆领导者和先进模范人物的示范作用可以推动和培育图书馆精神。

2）思想教育是培育图书馆精神的最有效方法之一。思想教育工作是通过党的基本路线、爱国主义、集体主义和社会主义教育，遵纪守法和职业道德教育，帮助馆员树立正确的思想、信念和价值观，强化员工工作责任感，引导员工以主人翁的姿态投入到图书馆实践中去。

3）陶冶感化也是宣扬图书馆精神的有效手段。在活动中熏陶员工的群体意识和情操，可以把知识性、趣味性、竞争性和思想性融为一体，而且员工喜闻乐见，愿意参加，从而达到教育效果。同时，图书馆也可以通过馆容、馆貌、馆徽等有形的东西来影响和激励馆员，在潜移默化中使员工受到图书馆精神的感化和教育。在培育图书馆精神过程中，不能忽视心理作用。图书馆心理和图书馆精神互相渗透、互相制约、互相转化、互相影响。培育图书馆精神有助于图书馆心理的健康化；良好的图书馆心理又能促进图书馆精神的弘扬。因此，重视图书馆员心理健康，对图书馆精神的培育有着重要的作用。

（4）图书馆形象的培育。图书馆形象是多层次多层面的体系，包括图书馆外部形象、图书馆管理者形象、图书馆员工形象、图书馆服务形象和图书馆技术形象、图书馆公共关系形象等。树立图书馆良好的社会形象主要从以下五个方面做好工作：

1）增强领导和馆员塑造图书馆良好形象的自觉性。在社会体系中，图书馆是公益性服务行业，树立良好的图书馆形象需要从图书馆服务做起，提高服务质量，创造服务品牌。同时，大力开展图书馆形象教育，把树立图书馆良好形象作为馆员的工作职责，增强员工的使命感和事业心，使馆员在服务中创出佳绩。

2）开展优质多元的图书馆服务，满足社会的文化需求。现代图书馆已经突破传统图书馆的桎梏，图书馆在社会发展中的作用越来越大，图书馆的功能也不断拓展。图书馆除了开展最基本的借还服务之外，为了适应社会的需求，还开展了信息服务、网络服务、教育服务及文化推广服务。图书馆应在提供多元文化服务的基础上，以品牌服务来提升图书馆服务效应，树立良好的图书馆形象。

3）加快图书馆现代化建设，提高图书馆服务的技术含量。随着信息社会的来临，计算机网络技术的普及，图书馆也进入了数字化时代。图书馆要在信息社会立于不败之地，就必须用先进的技术手段和丰富的信息资源作为后盾。加快图书馆现代化建设是时代的要求，社会的需要。

4）建设优美的图书馆环境，注重图书馆文化内涵。图书馆优美环境是图书馆形象的构成要素之一，同时也是图书馆形象的载体之一。读者在环境优美、井然有序、服务热情的图书馆中阅览书籍，必然对图书馆产生一份热爱和愉悦。同时，图书馆的社会形象也会建立起来。图书馆不能仅满足于窗明几净、书架整齐、馆员热情这一层面，还应建立起管理创新机制。图书馆应注重在管理观念、管理模式、管理手段上大胆探索，引入现代企业管理的 CI 设计理念，创立一套体现本馆特性、易于读者接受和喜爱的统一识别系统，如理念识别系统、行为识别系统、视觉识别系统等。

5）营造浓郁的图书馆文化氛围，为树立图书馆形象奠定基础。图书馆文化是渗透图书馆各个方面、推动图书馆发展的内在动力。营造一个健康向上的图书馆文化氛围，是图书馆整体形象的一个重要组成部分。图书馆文化建设要体现以人为本的精神，尊重人的尊严，满足人的需求，实现人的价值。在管理过程中对图书馆员进行图书馆文化教育，使其个人目标与图书馆目标统一起来，从而形成图书馆特有的文化氛围，突显出图书馆的整体形象。

（二）图书馆制度文化管理

1. 图书馆制度文化特点

图书馆文化的第一个层次就是物质文化，它处于图书馆文化的表层部分，具体表现为图书馆建筑、设施、环境布局、绿化、美化、园林艺术、厅堂装饰、书架排列及文献排放等。图书馆物质文化是精神文化的外在表现形式，人们往往先从这些物质文化形态上看出图书馆的精神面貌。

图书馆物质文化的特点如下：

（1）强烈的时代感。图书馆物质文化的发展水平最终取决于社会生产力的发展水平。社会不同历史时期，人们创造的物质文化当然要符合当时生产力的发展水平，图书馆也不例外。不同时代建造的图书馆，单从建筑及厅堂设施来看就各具特色，这就是与建造时代相同的物质文化特征。

（2）外显性特点。图书馆的物质文化常常是可以观察得到、触摸得到和感受得到的，它处于图书馆文化体系中的表层部分，属于图书馆硬文化，有很强的外显性。

（3）发展性特点。在很大的程度上，图书馆的大部分硬件文化是在建馆之初已经设计好的，如图书馆建筑的外形及内部结构，图书馆的厅堂装饰等，但是随着时代的发展，社会的进步，图书馆的一些物质文化也在悄然改变原来的面貌，跟随时代的发展而进步。

（4）权威性特点。图书馆制度体系一旦建立，制度一经制定实行，就具有极大的权威性和严肃性，图书馆员工的行为规范和准则就明确下来，图书馆的一切活动和图书馆与其他社会组织的关系将限定在图书馆制度的范畴之中，而不能随意更改。制度是图书馆的内部"法规"，若无，不仅使得馆员无所适从，而且图书馆的运行、对外服务和秩序都将出现混乱。当然，制度的稳定性是相对而言的，因为图书馆的运行和图书馆面对的社会环境都在不断的变化中。为了适应时代、环境的变化，需要对图书馆的规范性规定进行适时的修改和创新，不然就会束缚图书馆的发展。

（5）中介性特点。图书馆制度文化是精神文化的反映和体现，同时它也是物质文化的工具。精神文化只有通过制度文化才能对物质文化发生作用；而物质文化只有通过制度文化才能反映出对精神文化的反作用。随着时间的推移，这些观念被图书馆人所接受，而形成图书馆的新价值观，从而影响图书馆的制度。制度文化既是适应图书馆物质文化的固有形式，又是塑造图书馆精神文化的主要机制和载体。正是制度文化的中介性和传递性体现出其在图书馆文化建设上的重要作用。

（6）规范性特点。图书馆的制度文化是强制性的。因为规章制度不同于图书馆的基本信念、价值观和行为规范——这些可以依靠人们的传统习惯、内心信念和社会舆论来维系。为实现图书馆的目标、使图书馆日常工作有序地顺利进行，对于员工的行为给予一定的限制是必要的。作为一种来自员工自身以外的、带有强制性的约束，图书馆制度是强而有力的。同时，图书馆的制度文化又是普遍性的。图书馆制度是图书馆全体员工共同的行为规范，规范着图书馆的每一个人。因此，图书馆制度必须反应群众的要求，制定时应充分听取群众的意见，在执行中依靠群众互相监督，自觉执行。

2. 图书馆制度文化的内容

图书馆制度文化作为一个复杂的体系，由若干个子系统构成。

（1）图书馆的领导制度与文化。领导制度是图书馆领导方式、领导结构、领导制度的总称。图书馆领导制度受生产力和文化的双重制约，生产力水平的提高和文化的进步，都会产生与之相适应的领导体制。在图书馆制度文化中，领导体制影响着图书馆组织机构的运行，制约着图书馆管理的各个方面。图书馆领导制度是制度文化的核心内容，卓越的图书馆领导者应当善于建立统一、协调、通畅的图书馆制度文化。现在许多图书馆实行馆长负责制，但图书馆党组织仍是图书馆的核心。党组织在图书馆制度中应起到其应有的作用，包括保证和监督党和国家的各项方针政策的落实；搞好图书馆思想政治建设、改进工作作风；支持馆长实现任期目标和服从图书馆正常运行的统一指挥等。

（2）图书馆的组织机构与文化。组织机构是图书馆为了有效实现图书馆的目标而建立的图书馆内部各组成部分及其相互关系。组织机构不是一成不变的，它随着图书馆的社会环境的变化及社会对图书馆的要求而有所调整。不同的图书馆文化有着不同的组织机构，中西方图书馆的组织模式就各不相同，他们都是在适应各自社会文化中逐渐形成的。

（3）图书馆的管理制度与文化。图书馆管理制度是图书馆为求得最大社会效益，在图书馆实践活动中制定的带有强制性义务，并能保障一定权利的各项规定和条例等。图书馆管理制度是实现图书馆目标的有力措施和手段，是图书馆健康发展的有力保障。优秀的图书馆文化的管理制度必然是科学的、完善的、实用的管理方式的体现。同时，图书馆管理制度也影响和制约着图书馆文化发展的总趋势，促进不同图书馆文化朝着个性化方向发展。

3. 图书馆制度文化的构建

有了完整的图书馆制度体系和科学的管理手段，只是建设制度文化的必要条件，图书馆还需要通过宣传、教育的手段让员工理解认识制度体系。这样才能构建制度文化的氛围。

（1）培育图书馆精神——制度文化的基础。制度文化与图书馆精神文化有着密切的关系，制度文化从属于图书馆精神文化，是精神文化的具体体现。将图书馆员工在图书馆实践中共同认同的价值观、思想意识、行为准则等制定出来，表达图书馆的价值取向和行为模式，就形成了制度。因此，培育积极向上的图书馆精神，可以为制度文化的建设打好坚实的基础。

（2）宣传图书馆制度——制度文化的氛围。利用报纸、广播、电视、宣传栏、宣传册、展览、网页等形式对图书馆制度进行宣传，教育、引导馆员对制度理解、认同和接受。同时，图书馆可以通过会议、调查研究、知识竞赛、演讲活动、报告讲座等手段，进行双向交流，形成舆论和文化氛围。图书馆也可以效仿企业的 CI 标示设计理念，使图书馆制度文化更加形象具体。如设立图书馆的标准色、标准字、馆徽、馆歌、馆服等标志系统，都可以产生非强制性的引导和规范作用。现在许多图书馆都注重形象工程的建立，确立本馆有特色的 CI 系统，从而营造本馆的制度文化氛围。

（3）馆员的多重互动——制度文化的传递。馆员的互动是通过日常的人际交往实现的，其中虽不存在权利的制约因素，却对人们产生一定的心理影响，这包括图书馆员工与员工、员工与管理者、员工与读者之间的相互交流。

新老馆员的交流过程就是价值观和行为方式的传递过程，也就是图书馆制度文化的传递过程。员工为读者服务的过程，也传递了图书馆制度文化的信息。如图书馆的服务理念、服务行为规范、图书馆员工的职业道德等，都可以通过馆员的服务态度、服务水平、服务行为表现出来。由于员工与读者的互动交往对员工产生社会性评价效果，员工就必须用图书馆制度来约束和调整自己的行为方式，而产生好的社会服务效果。因此，馆员的多重互动是图书馆制度文化传递的主要方式。抓好此项工作对图书馆构建制度文化有极大的作用。

第四节　现代图书馆的人力资源管理

人力资源是指能够推动整个社会经济和社会发展的具有劳动能力的人口总和。人力资源的特征包括：①人力资源的再生性。②人力资源生成的时代性。不同的时代造就和培养不同的人。③人力资源开发过程的能动性和连续性。人力资源开发过程中具有能动性，即人具有自我调控的功能；人力资源在被开发过程中具有连续性，主要是可以不断地开发、持续地开发，且能形成增值。④人力资源使用过程的时效性和流动性。人力资源在使用过程中有效能最佳时间段，在部门之间、岗位之间、地区之间乃至国家之间具有可流动性。⑤人力资源闲置过程具有消耗性。闲置其本身为维持其存在必须消耗一定数量的自然资源，如水、能源、食物、粮食、住房等。⑥人力资源的可塑性和共用性。人力资源通过接受不同方式教育和知识、经验的积累，其素质会产生量和质的变化。一个人可同时为多个单位服务，从事几种不同的工作。

一、图书馆人力资源的人才获取

（一）图书馆馆员的招聘

1. 图书馆馆员招聘计划

图书馆馆员招聘计划是分析图书馆在不同情况下的人力需求，使得图书馆内部有充足的人力资源保障，以实现图书馆的长期或短期发展目标。

2. 招聘过程

（1）制订计划。制订计划内容包括：①进行人员需求预测；②分析图书馆所面临的环境影响和组织变化；③进行人员供给预测。制订招聘计划时要对招募人数、招聘的时间及成本进行估算。

（2）发布招聘信息。招聘信息发布的范围是由招聘对象的范围来决定的。高级管理人员和专家一般在全国范围内招聘，甚至可以跨国招聘；专业技术人员可以跨地区招聘；一般办事人员在本地区招聘就可以了。图书馆要根据招聘职位的要求与特点，向求职人员发布招聘信息，发布渠道主要有网络、报纸杂志、电视、电台、布告和新闻发布会等。在条件允许的情况下，招聘信息应尽早发布，这样有利于缩短招聘进程，有利于使更多的人获取信息，使应聘人数增加。

（3）应聘者提出申请。招聘信息发布之后，应聘者会通过电话、信函方式向招聘单位提出申请，图书馆应要求应聘者填写求职申请表并提供有关证明材料。

（二）图书馆馆员的选择与录用

1. 图书馆馆员的甄选

员工甄选是指在招募工作完成后，根据用人条件和用人标准，运用适当的方法和手段，对应聘者进行审查鉴别和选择的过程。员工甄选是招聘工作中关键的一步，也是技术性最强的一步。员工甄选必须遵循科学性、有效性、简明性、可行性的原则，要选择科学的测试方法，聘请相应的专家指导，以降低员工上岗培训费用，提高员工在组织中的稳定性。

员工甄选过程一般分为初选和精选两个阶段，初选主要由组织的人力资源部门负责，它包括求职者资格审查和初步筛选。精选包括笔试、心理测验、面试、体检和甄选。一般由人力资源部门与具体用人部门的负责人共同协作进行。

2. 图书馆馆员的录用

图书馆在对应聘者进行几轮选拔之后，接下来的环节是录用。这一阶段的工作通常被忽视，认为仅是一种形式，但实际上它关系到能否唤起新员工的工作热情，是新员工进入馆内工作形成的对图书馆的第一印象，因此也是员工获得对图书馆忠诚度和产生职业责任感的开始。这一阶段往往包括录用决策、试用合同的签订、员工的初始安排、试用、正式录用等环节。图书馆在进行员工录用时应注意以下方面的问题：

（1）及时通知已经被录用的应聘者。部门负责人或者负责招聘的馆长也要及时通知未被录用的应聘者，最好用亲笔签名信的方式婉言拒绝，这关系到图书馆形象和今后招聘工作的进行。

（2）运用正确的分析方法获得应聘者准确可靠的信息。要注意核对的信息包括应聘者的原始信息和面试过程中的现实信息，具体包括：应聘者的年龄、毕业学校、专业、学习成绩、工作经历和业绩、背景材料、应聘过程中的各种测试成绩和评语等。保证这些资料准确、真实、可靠。此外，还应该仔细分析应聘者的道德品质、能力（专业技能、决策能力、人事能力、沟通能力、应变能力、组织能力、协调能力等)、特长、社会资源、学历背景和面试中的现场表现。

3. 人才培训

签订劳动合同后，新员工培训也是必不可少的环节，可以让新员工熟悉图书馆的工作部门、工作岗位、馆内制度、图书馆文化等，这样，一方面，可以促进新员工转化为"内部人"；另一方面，也是图书馆进一步深入了解新员工的有效途径。

(1) 图书馆人力资源培训的原则。

1) 整体性原则。培训的对象并不应局限在一线工作人员，对于图书馆的管理人员也要进行培训。一线工作人员侧重于基本工作技能的培训，而管理人员则侧重于管理技能的培训。此外，馆内的高层管理人员还要学习政治、政策、领导、方法。

2) 连续性原则。工作人员培训不是一朝一夕的事，而是要根据图书馆的发展目标有目的、有计划地开展，它是一个长期的过程，绝不仅仅是为了应付一时之需。它需要制定完善的制度来指导实施，使图书馆在内外部环境都不断变化的条件下保证编制完整，并为图书馆的发展提供合格的后备军。

3) 重点原则。工作人员的培训必须明确培训的重点，培训的重点也就是工作人员现有实际工作能力同其职位所要求的标准工作能力之间的差距。只有找准培训的重点，才有可能制订培训计划，确认最佳的培训方法，达到培训的目标。

4) 效益原则。工作人员的培训是一种投入—产出行为，它是图书馆在培训计划的指导下，投入各种要素资源，开发工作人员智能，以获得开发成果的过程。工作人员的培训需要考虑如何以最少的投入换取最大的产出，这需要建立完善的培训评估标准和反馈制度。

(2) 图书馆人力资源培训的内容。

1) 基本技能培训。现代计算机技术、多媒体技术、网络技术、数据库技术等使传统图书馆正逐渐向电子图书馆、数字图书馆、复合图书馆方向转变，图书馆的工作发生了重大变化。

第一，图书馆的传统工作因为有了信息技术的引入而变得更加有效率，如采访工作可以借助于网络收集最新的出版信息，编目工作可以通过使用统一的机读目录而节省劳动力，检索工作可以通过利用计算机而避免手工劳动的烦琐。

第二，图书馆的工作范围和深度及广度日益扩大，如采访工作需要加强对电子书籍、各类型数据库的采购，信息检索范围从传统的纸质文献扩大到了互联网，信息服务的方式也不再局限于信息检索和咨询。这一切都要求图书馆对工作人员在数据库的管理能力、网络环境下的信息收集、处理能力、信息检索工具的生成能力、网络信息的利用能力以及计算机操作能力等方面加以培训。

2) 解决实际问题能力的培训。对于图书馆中的管理人员和各学科的专家来说，解决实际问题的能力可能更为重要。在图书馆面临社会上各种信息服务机构挑战的今天，图书馆管理人员的素质对图书馆的发展起到了重要作用。然而，长期以来，我国有不少图书馆管理人员缺乏必要的专业知识，对管理艺术不加以重视，面对馆内的冲突，只会采取强硬措施或僵硬的照章办事，导致工作效率不高，工作人员士气低落。因此，对图书馆管理人员加强在管理方面的培训，可以帮助他们提高解决实际问题的能力。

3）人际交往能力的培训。人际交往能力的培训重点是如何做一个好听众，如何提出不同见解以及如何减少摩擦等。

4）态度培训。随着传统图书馆向现代图书馆的迈进，图书馆的传统观念也应随之改变，需要向开放观念、服务观念、用户观念、经济观念、效益观念、资源共享观念转变。因此，对图书馆馆员进行态度的培养就显得很重要。此外，态度培养还应包括引导工作人员接受图书馆的文化，树立以人为本的观念。

（3）图书馆人力资源培训的方法。图书馆人力资源培训的方法有多种，具体采用哪一种，应根据培训的目标、内容和对象而定。一般来说，可分为在职培训和脱岗培训两大类。

在职培训是指工作人员不离开现任的工作岗位接受培训，最常用的做法有两种：

1）工作轮换。指的是工作人员通过调换多个工作岗位以获得培训。适合新员工熟悉工作，让新员工对整个图书馆的各个工作环节都有所了解。这种方法还适用于培养通才，在面对人员流失或工作任务繁重的情况下，可以有合适的工作人员胜任多项工作。但这种方法也有局限性，对那些业务精深或某一方面的专家并不适用。

2）现场辅导。这种方法是指负责指导的资深馆员教给受训人怎样做，并激励他们如何做得更好。这种方法的优点是为受训者提供了很好的实习机会，有助于图书馆内部培养人才的长期开发。但它的有效性局限于老馆员的知识和经验，对于新技术的应用培训并不适用。脱岗培训是指工作人员离开现任的工作岗位而接受培训。最常用的做法有三种：①举办培训班。培训班适用于传播具体的信息，在对工作人员进行图书馆学、情报学等方面的知识培训时，使用这种办法可以取得很好的效果，②电视教学。相对于其他培训方法来说，电视教学可以更为清晰地展示技术方面的内容，尤其是计算机操作、网络应用等，采用其他方法的效果远不如此，③召开研讨会。这种方法可以较大范围地传播图书馆学、情报学界的新成果，也可以对发生在馆内的大事加以探讨，促进相互之间的沟通，培养协作和团体精神。

（4）图书馆人力资源培训的过程。图书馆人力资源培训是图书馆一项极其重要的工作，它需要制订合理的计划，遵循基本的程序。具体来说，培训的基本过程为：

1）评估个人或工作的培训需求。即要明确培训哪些人，培训什么内容。图书馆根据自身发展目标确定人力资源的目标，然后对比现有的人力资源状况，对比的差距就是人力资源缺口，即为培训需要。

2）确定培训目标。即要明确通过培训达到什么目的。培训的目标应该是具体的、可调整的。例如，通过对图书馆借阅部人员进行计算机操作方面的培训，对每名用户的等待时间加以合理的限制。

3）实施培训。即采用具体的培训技术、方法，对培训对象进行培训。这是培训工作的主体部分，要为受训工作人员选择恰当的时间进行，确保培训工作的有效性。

4）评估培训的结果。即将培训前后情况进行对比，检测是否达到了培训目标。这也是培训工作的一个重要环节，因为只有通过对培训效果的评估，图书馆的人力资源开发部门才能知道预期的结果或培训计划实现的程度如何，也才能为下一轮工作人员的培训提供经验和教训，从而在整体上增强培训效果。

二、图书馆人力资源战略管理

"知识经济时代，图书馆人力资源管理对现代图书馆事业的发展起着日趋重要的作用。"① 人力资源管理战略是组织为适应外部环境变化的需要和人力资源开发与管理自身日益发展的需要，根据组织的发展战略，充分考虑员工的期望而制定的人力资源开发与管理的纲领性的长远规划。对人力资源开发与管理活动具有重要的指导作用，是组织发展战略的重要组成部分，也是组织战略实施的有效保障。人力资源管理战略的一个重要任务是如何将组织与个人利益有机结合起来，人力资源战略将个人期望与组织战略目标结合起来，从双方的长远利益出发，确定需要解决的主要问题，以达到共同发展的目的。

人力资源战略可以指导人力资源的开发与管理活动，表现在：人力资源战略可以帮助组织根据环境的变化与人力资源开发与管理自身的发展，建立适合本组织特征的人力资源开发与管理的方法；根据员工期望，建立相应的激励机制；用更为合理的方法降低人力资源成本：根据科学技术和行业发展趋势，有针对性地对员工进行开发与培训，提高他们的素质与能力，适应行业的发展要求。组织在制定人力资源战略的同时，应该注意到人力资源开发与管理本身的变化和员工期望的变化。

（一）图书馆人力资源战略管理过程

（1）制定图书馆人力资源规划。这一过程主要是科学合理地开展图书馆人力资源需求和供给的分析与预测。

（2）进行图书馆工作分析与职位评价。

（3）进行图书馆人力资源的招聘、选择与录用。

（4）实施图书馆人力资源绩效评估与激励。

（5）开展图书馆人力资源的薪酬福利设计。

（6）进行图书馆人力资源的培训与开发。

（7）开展图书馆职业生涯开发与管理。

（二）图书馆人力资源战略规划与制定

（1）图书馆人力资源战略规划。图书馆人力资源战略规划是指根据图书馆发展战略而制定的图书馆人力资源管理与开发的纲领性长远规划，并通过人力资源管理活动来实现

① 张敏.关于我国现代图书馆人力资源管理的思考[].四川图书馆学报，2006（05）：52.

图书馆的战略目标。

（2）图书馆人力资源战略规划的制定。图书馆人力资源战略规划的制定过程可分为六个阶段：①收集资料，包括内部和外部。如人力资源战略、员工流动状况、员工的素质、人力资源的成本及其变动趋势、岗位需求的变化等。②预测企业人力资源的供需；③确定人力资源的供需差异。④制定人力资源规划。⑤人力资源规划的实施与评估。⑥人力资源规划的反馈与修正。

（三）图书馆人力资源战略的实施

1. 图书馆自身文化培养

图书馆人力资源战略管理实施的核心应该着眼于价值观念和精神的培养，这正是图书馆文化的隐性内容，也正是图书馆文化最重要的组成部分。它们隐藏于图书馆的规章制度、图书馆环境、图书馆服务等显性内容之中，决定着其他层面的文化内容。

图书馆价值观是馆长和全体馆员在思想、信念、观念上的价值准则和标准。图书馆人力资源战略需要为全体馆员提供共同方向和行为的指导方针，使之明确什么是图书馆生存和发展的目的、方向和工作好坏的标准。图书馆精神是在活动之中形成的、代表馆员意愿、反映图书馆目标和方向、具有推动作用的一种精神力量。图书馆人力资源战略管理需要为图书馆培养的共同精神包括创新精神、奉献精神、服务精神等。总之，在人力资源战略之下的图书馆文化成功的标准是有明确的最高目标，并使其在馆员中深入人心；塑造和调整馆员的价值观，形成团队意识；正确的激励机制和职业责任感。

2. 人力资源管理的战略整合

人力资源战略管理和实施需要将一般意义上和发展意义上的管理开发整合起来。重视培养、开发及增加人的价值。图书馆人力资源的战略管理必须重视持续性发展，即重视人力资源的配置和持续性开发，以服务于图书馆长远发展目标。人力资源战略管理需要根据图书馆发展战略实现目标，根据环境的变化对人力资源进行预测。

3. 图书馆人力资源的战略评价

（1）通过人力资源规划的评估和审核工作，可以对规划的执行者造成一定的压力，防止规划的实施流于形式。

（2）在评估和审核过程中，可以广泛听取员工对人力资源管理工作的意见和建议，有利于人力资源规划内容的不断完善。

（3）人力资源战略规划是一个长久持续的动态过程。依据图书馆内外因素的不断变化，对图书馆战略、人力资源战略以及人力资源规划及时评估和修改有利于适应变化了的环境。

（4）通过机制建设、管理体系建设、管理队伍建设考核评价，促进图书馆人力资源战略的有效实施。

（四）图书馆人力资源战略环境分析

图书馆在思考人力资源战略问题时也应该从图书馆的外部和内部两个角度出发，进行人力资源管理的分析。

1. 技术因素

技术的重大变革可以改变人们的生活方式，极大地推进社会的发展。对于组织来讲，技术的发展和进步可以影响到产品、服务、用户、供应商、竞争者，进而改变员工、管理者和用户的价值观，提升组织的竞争力。因此，图书馆在进行人力资源的战略制定时也必须考虑与组织业务相关的技术因素。一方面，要留住核心技术人才，对技术人才在潜能开发和薪酬激励上有所侧重；另一方面，要尽力把掌握先进技术的人才吸收到图书馆中来。

2. 内部管理因素

进行组织内部管理因素分析的目的是从管理的角度辨析组织的长处与短处，为战略的制定提供尽量全面的内部信息。以往人力资源管理因素、组织结构、业务流程控制、财务管理、服务管理以及领导者个人因素等都是影响组织人力资源战略的重要因素。

以往的人力资源基本制度、薪酬激励制度、人员晋升制度、员工福利制度等人力资源管理模式已经在员工中形成心理模式，这对新人力资源战略的制定与实施都可能产生积极或消极作用，因此分析新旧人力资源因素与新旧战略之间的继承和关系很重要。

3. 组织文化因素

组织文化是组织内部导致共同行为规范的系统的价值观，包括组织的价值观、组织领导人的成功传奇事迹、组织愿景等。在制定人力资源战略的同时应该对组织文化因素进行分析，图书馆可以考虑的问题有：组织的愿景以及员工对它的认同度怎样、组织的价值观是什么、组织团队的凝聚力怎样、员工最看重的回报是什么、对员工错误的宽容度怎样、领导风格的类型是什么、有无鼓励创新的文化、传统文化中有哪些与新战略相冲突等。

第六章 现代图书馆管理的创新视角

第一节 信息化背景下图书馆管理创新

"随着信息的传播手段和传播效率的提高，信息化对现实社会的影响也越来越大。"[①] 对于图书馆管理而言，无论是在图书的数据库完善，还是在读者借阅的信息化方法上都有了大幅进步，不仅给读者带来巨大便利，同时还节省图书馆的人工成本，让图书馆管理变得更加高效。图书馆管理人员应当对信息技术有足够的认识，在进行管理的过程中，积极使用信息技术手段，让图书馆的发展紧跟时代潮流。

一、信息化背景下图书馆管理的发展优势

信息化背景下图书馆管理的发展优势，如图 6-1 所示。

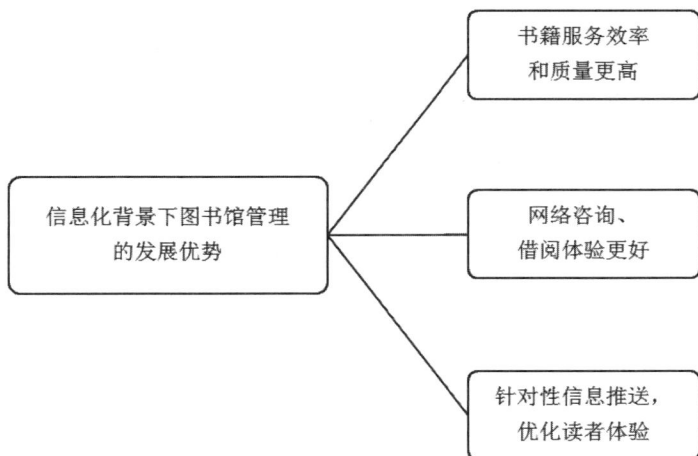

图 6-1 信息化背景下图书馆管理的发展优势

（1）书籍服务效率和质量更高。使用信息技术来优化图书馆的相关服务最显著的优势就是能够大幅提升服务的效率和质量。在信息化管理模式下，书籍服务的效率得到了提升，让整个图书馆的服务更加便捷，而且通过对海量数据的信息化管理，能够避免人工管理可能出现的各种问题，服务质量更好。

（2）网络查询、借阅体验更好。通过信息化方法来进行图书馆管理不仅能够提升现

---

① 王璐璐.信息化背景下公共图书馆阅读推广策略创新研究[J].文化产业，2021（34）：127.

场查询、借阅的效率，还能通过网络为读者远程操作提供更为便利的条件。比如，读者可以在家登录图书馆官网，查询相关书籍的信息，然后进行借阅预定。便捷的服务是信息化背景下图书馆管理模式的一大优势，应当受到更多关注。

（3）针对性信息推送，优化读者体验。在先进技术的综合应用下，读者通过图书馆的 App 不仅可以按照关键词进行数据的查阅和借阅预定，还能根据读者的借阅记录和浏览记录，为读者推送一些符合他们喜好的书籍内容，为他们提供定制化的借阅服务。不仅如此，图书馆还可以在 App 上让读者更好地了解图书馆内部的活动安排，如展览安排、活动计划等。这样不仅让图书馆的宣传打破了时空界限，还能通过吸引更多读者参与活动扩大影响力。更重要的是，针对性地推动信息能够让读者的体验更好，有助于培养读者黏性，对图书馆未来的发展也会更有利。

二、信息化背景下图书馆管理的创新策略

信息化背景下图书馆管理的创新策略，如图 6-2 所示。

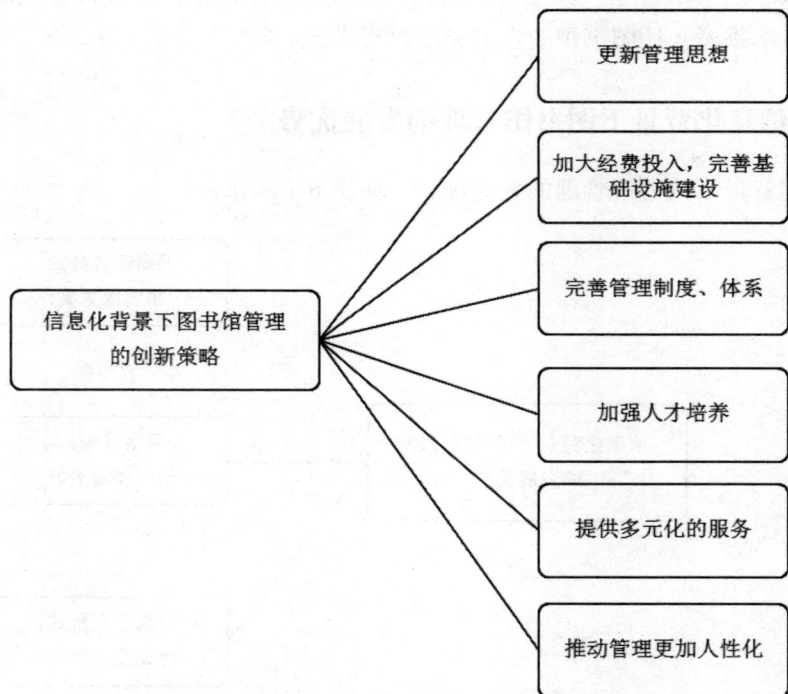

图 6-2 信息化背景下图书馆管理的创新策略

（一）更新管理思想

在信息时代，图书馆的管理面临巨大挑战，要想让图书馆快速发展，更好地提供服务、满足人们需求，就应当从管理人员的思想认识入手，完善他们的认知。更新管理思想，具体内容如下：

1. 争取上层领导重视

为了加快和推进图书馆信息化建设，建议领导转变观念，重新审视图书馆的地位和作用，认识到图书馆信息化建设对于现代化建设发展的重要作用。图书馆应当积极秉承信息化建设意识，认清信息化建设的重要性，给予图书馆信息化建设工作大力支持。

建议图书馆领导准确把控信息化意识对信息化建设的阻碍作用，增强对信息化意识的重视程度，以身作则，发挥干部引领作用，把馆员的信息化意识状态放到重要位置，实行全员参与信息化建设工作制度，加大图书馆馆员信息化的培训与学习力度，让所有馆员在图书馆的信息化建设进程中大胆思考，勇敢提出自己的观点和想法，提升图书馆员的整体信息化意识。

2. 加强馆员自身学习

加强图书馆员自身学习，改变以往的观念和意识，深刻认识到信息化时代所赋予自己的要求与职责，摒弃传统思想观念，与时俱进。积极参与单位组织的信息化培训与学习，在工作中争取掌握先进的信息技术与技能，充分感受信息化的魅力。

图书馆馆员需要认识到信息化意识对自身职业发展的促进作用，可以通过网络资料、视频等方式去尝试学习新兴的信息化技术与专业知识，做到馆内所有的现代化设备仪器都会熟练操作，并争取对先进设备的工作原理做到有所了解，在需要时可以向图书馆的技术支持中心的同事学习和请教。同时，图书馆员应该树立信息化意识和服务意识，积极学习国内外先进的图书馆信息化建设的先进理念，并树立大数据时代信息咨询的主导意识，贯彻以人为本理念，变革传统信息咨询当中用户提问的手段，促使图书馆为读者提供人性化的服务。

（二）加大经费投入，完善基础设施建设

加大对图书馆的建设经费投入，并对图书馆进行信息化建设需要的先进设备进行资金上的大力支持。设备主要指的是计算机，数据库，网络，电子阅读室以及服务器等基础设施。

此外，由于学校图书馆信息化工作需要持久的投资，需要充足的资金作为经济基础，图书馆在自身的信息化建设工作中，应当在完善基础设施的过程中合理地分配资金，保证图书馆信息化构建的有关硬件设备和软件设备得到同时提升，同时结合现实状况进行有效的更新换代，确保信息化建设拥有长期稳定的资金投入，使得图书馆的信息化水平得到全方位提升。

1. 完善硬件设施建设

服务人性化理论要求图书馆在信息化建设工作中，以读者用户的需求为出发点，提供人性化的基础设施。图书馆需要完善公共区域遥控器、计算机、自助设备等硬件设施。

（1）增加遥控器的数量，并在固定区域配置收纳容器，读者在需要的时候自取，用完再放回原处，这样读者在需要时就不必再去服务台进行登记借用和还回操作。

（2）增加图书馆的自助借还机、自助文印机、自助导航等自助设备的配置，特别是在书库的楼层需要摆放一定数量的自助借还机，方便读者就近选择使用，避免读者带着沉重的图书去到别的楼层去找自助机进行借还。总之，只有完善图书馆的整体硬件设施建设，才能提高读者的服务效率和使用感受。

2. 完善软件设施建设

人本管理理论要求图书馆坚持以人为本的服务理念，在重视读者切身感受的同时，更应该把图书馆馆员的工作需求列为工作的关键部分。不断健全图书馆自动化办公软件的功能，全面了解图书馆工作人员使用中出现的问题，积极对接软件工程师，反馈工作中的使用需求，最大力度地开发符合实际情况的图书馆管理软件，提高工作和管理效率。此外，图书馆可以设置座位预约系统、空间预约系统等软件的管理与跟踪，及时发现系统的突发故障，并配合工程师进行系统的完善与升级，最大限度地为读者减少因为软件出现问题导致纠纷的事件发生。

（三）完善管理制度、体系

1. 完善管理制度

管理制度对于图书馆是必不可少的，在信息时代，管理制度应当本着为信息技术创造便捷的使用环境为准则进行制订和完善，以简化服务、优化服务体验为原则，在保留传统图书馆管理模式的基础上，进行信息化的管理制度完善。

图书馆还应当围绕信息系统明确奖惩制度，对于那些违反规章制度的工作人员进行适当处罚，对那些表现优异的工作人员进行奖励。管理制度还要对信息技术相关工作人员形成良好约束，如规定技术人员定期对系统进行维护，让系统运行更加高效，及时修补系统漏洞，让系统更加安全等。管理制度对于提升工作人员的自觉性有非常积极的作用。

2. 建立功能强大的管理系统

如今图书馆规模越来越大，内部提供的服务种类越来越多，要想让不同工作质量都能得到保障，图书馆应当建立完整的管理系统，让系统中尽量包含多样的图书馆服务内容，为读者提供更为便捷的途径。

管理系统中应当通过和数据库进行连接将图书有关信息以人性化界面方式为读者展示出来，并通过特定的接口实现对图书当前状态的查阅，方便读者进行借阅。为了优化读者使用系统的体验，管理系统还应当进行模块的细分，除图书查询、借阅模块之外，还可以为读者提供餐饮等服务模块，为读者提供更加多样的选择。

3. 建立安全防护体系

当前，人们对隐私信息的保护越来越重视，图书馆在借助信息技术实现服务质量和效率提升的同时，应当注意做好系统内部数据的防护工作，能降低重要信息泄露的风险。

网络越来越发达，图书馆为实现健康发展，就必须通过管理系统及时排查隐患，对系统存在的不完善之处进行弥补。同时，针对内部工作人员的防范也是必要的。图书馆应当根据工作人员的身份进行识别，确定其权限，让他们在自己对应的岗位职责范围内进行操作，避免一些误操作给信息安全造成影响。

（四）加强人才培养

人才对于图书馆来说至关重要，也是各种工作开展的基础。图书馆在信息化建设过程中，应当注重人才培养，通过科学的培养体系，让人才的信息化素养得到提升，让全体员工都能在信息技术的影响下，提升工作质量和效率，推动图书馆健康发展。

图书馆要针对系统维护的相关技术人员进行严格要求，让他们积极学习，掌握更为先进的技术，对系统进行升级，更加充分发挥系统的作用。除此以外，图书馆在培养人才的过程中还要确立相应的考核标准，通过考核来对工作人员进行评判，推动他们弥补自身欠缺，提升工作能力。不仅如此，人才培养还包括提升他们的思想认识，让其认识到图书馆工作对于严谨性的要求，以便让他们在日常工作中约束自己的行为，提升工作质量。

（五）提供多元化的服务

信息技术的应用为图书馆提供多元化的服务创造了更好的条件，而且多元化的服务也是未来图书馆发展的必然趋势。餐饮、展览甚至娱乐服务能够吸引更多的读者，同时还能通过多元化的服务实现收益的提升，对图书馆未来的管理也会产生积极作用。对于信息技术支持的多元化服务来说，依托于互联网实现信息的推广是必不可少的。图书馆可以通过App来达到更好的宣传效果，让信息的覆盖范围更加广泛。

（六）推动管理更加人性化

图书馆的管理内容较多，不光包括对图书的管理，还包括人员管理等多项内容。要想让图书馆的管理质量得到提升，不光要让信息化的管理覆盖更多内容，还要提升信息化管理的人性化水平，打破传统管理模式的束缚，让信息化的管理真正成为图书馆发展的动力。

在对图书馆进行管理过程中，信息化的管理模式需要先将海量的图书信息进行录入，存储在数据库中，然后读者在查阅的时候就可以根据关键词来了解某一本书的当前状态。人性化的管理不仅要实现网络查阅功能，还需要将和书有关的关键信息展现出来。具体来说，图书馆可以在存储书目词条的过程中，通过对数据库进行升级，增加存储字段的形式，将图书目录也存储进去。这样，读者在查阅图书的时候，不光可以看到该书当前的借阅状态，还可以通过网络浏览该书目录，对书中的内容形成初步了解，使图书馆提供的服务更加人性化，有助于改善读者的借阅体验。

第二节　大数据环境下图书馆管理创新

一、大数据的特点

（1）大数据背景下的业务特征在于深入挖掘数据信息中隐含的价值，能够给各企业的变革带来新动力，科技成果可以对企业发展发挥积极作用。

（2）数据多元多样化，体量庞大，加强了数据间的联系性。

（3）大数据以数据流的形式飞速地进行传播和推广，具有时效性、高准确性。

（4）现在衍生了很多处理众多大数据的产业。基于大数据的这些特征，其 IT 架构很可能也会发生变化。因此，在大数据环境下，图书馆的工作管理必然会受到影响。

二、大数据环境下图书馆管理的创新策略

大数据环境下图书馆管理的创新策略，如图 6-3 所示。

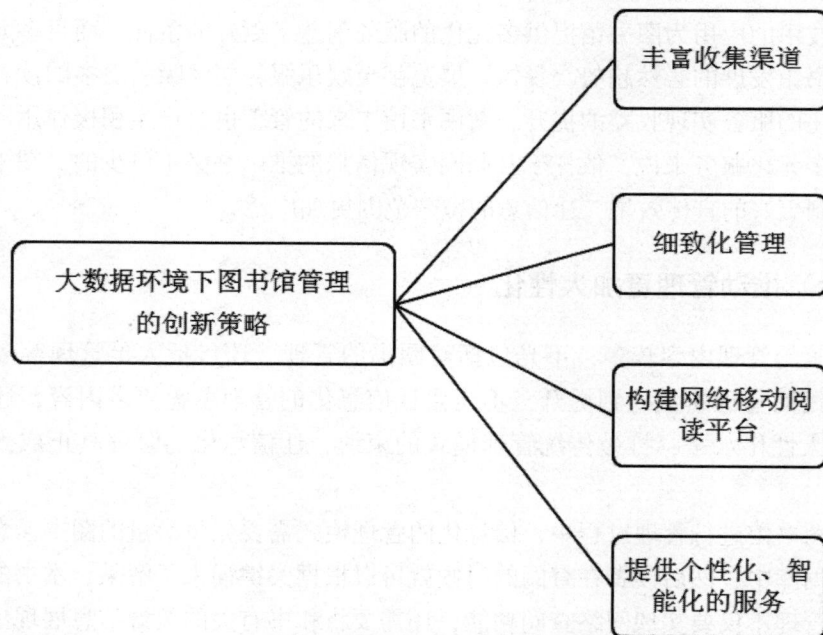

图 6-3 大数据环境下图书馆管理的创新策略

（一）丰富收集渠道

大数据下的图书馆应该充分利用大数据信息技术的优势，扩大改革图书收集的渠道，可以运用大数据技术分析处理各个方面信息，维护与出版商、书店等之间的友好联系，或者直接与研究学院、作者等签订合作合约。合理运用网络交互技术实现网上收集图书，这样可以保证图书馆及时引进最新版图书，提高了图书收集的效率和质量。另外，图书馆也应该对图书收集工作进行多方面的宣传，借助网络信息技术，全面迅速地在线征集图书等资料，拓展图书馆的图书收集渠道。

大数据环境下的图书馆在采购书籍方面，更要了解当前人们的阅读爱好、需求和习惯等，做到符合社会文化发展，可以尝试增加数字读物的比重，给读者提供更加便利和丰富的阅读方式。

（二）细致化管理

图书馆有大数据技术的支持后，使图书管理和读者服务都会变得更加效率、更加合理。

（1）大数据技术可以高效地对图书进行分类、整合，将全部图书资料按照项目、类别、内容等条件，都进行编号排序管理，读者可以根据图书编号迅速获取图书。有些读者在阅读后就随意放置图书，没有严格归位，这种情况，图书管理员也可以依靠专属的图书编码快速找到重新归位，有助于提升图书馆管理和服务的水平。

（2）图书管理员也可以利用大数据技术对读者的借阅情况进行了解分析，从而总结出借阅量大的热门图书类别，并且依据数据做出更有针对性的图书管理方案，让读者可以快速找到想要的图书，有利于提高图书馆管理员的工作效率。

（3）管理员在统计读者借阅数据情况的同时，也要对这些数据进行深度分析，挖掘数据代表的意义，通过数据分析找出工作的不足，并及时做出改进，保证图书管理工作更加合理、更加高效率。只有把图书资源管理工作精细化、科学化，图书馆的管理工作才会更加高效。

（三）构建网络移动阅读平台

（1）构建网络资源数据库，把图书馆的全部图书数据通过大数据技术长期存储，避免纸质记录和人工管理的安全隐患。

（2）构建官方阅读网站、移动图书馆客户端、官方微信公众号等网络平台，提供给读者丰富的阅读模式，从而实现数据信息的高度共享，管理工作实现质的飞跃，这是传统模式达不到的效果。图书馆处理好数据信息的云存储，注重质与量的提高，能够给读者带来全新的阅读体验，读者可以根据自己的喜好、需求，随时随地在网络平台上进行检索、借阅。使得读者摆脱了阅读时间、空间的限制，极大地优化了阅读条件，同时也便于图书馆的维护管理，大数据信息处理是未来图书馆发展的必要条件。

（四）提供个性化、智能化的服务

在读者进行信息检索时，通过大数据技术的处理，可以分析出读者的独特阅读报告并在检索系统中记忆下来，便于之后相关前沿知识的推送或者下次便捷地获取信息。

智能化服务，可以通过构建全面的图书馆管理系统，对数据信息从题材、内容、作者、出版社等模块进行分类管理，让读者可以根据自身条件快速地检索出想要的图书数据，然后实现全网全系统的更新存储，包括具体的阅读章节记录，阅读时间的记录等，为每位读者建立一个阅读档案、阅读日记这样的形式便于之后的连续阅读。例如，北京大学图书馆经过多年信息化发展，管理经验包括：①信息库资源一站式检索，为用户提供了全面的检索资源和丰富的馆藏内容：图书、期刊、论文、古籍、工具、西文、特色、多媒体、专利资源均可进行检索，实现了资源的一站式检索；同时提供了最新资源、图书以及热门图书的推荐和排行，推荐内容和排行随用户整体的资源使用情况进行动态的更新，是智慧图书馆对大数据的利用和体现。②北京大学图书馆主页所提供的推荐有新书推荐和热门推荐两种。③北大图书馆用户可通过实体图书馆、图书馆主页、社交媒体和邮件、QQ、微信、微博等途径对图书馆进行访问。④该馆设计了新生专栏，同时适应网页和手机两种终端，以动态页面互动的方式，为新用户带来深度体验。且专栏内提供 VR 全景导航，便于用户形象直观地体验图书馆的便捷功能和智能特性。

第三节　新媒体背景下图书馆管理创新

新媒体是一种利用数字化技术、互联网等渠道进行传播的，以电脑、手机等数字化终端向用户传递信息和服务的一种媒体形态。"新媒体是信息技术发展的产物，是当今社会便捷学习工作模式的支撑，是信息获取与交互的媒介，也不断促使新的管理模式及服务理念形成和完善。"[1]

新媒体中的新是与传统媒体相对应的，传统媒体往往是以电视、广播、报纸等媒介为主，而新媒体则更多是以数字化信息设备为主。新媒体的出现和普及，让人们的阅读方式、阅读习惯和阅读爱好都发生了巨大变化，这对图书馆发展也提出了全新的发展要求。从这个角度来看，不断创新图书馆管理思路、途径和发展模式，对于更好地发挥图书馆的独特作用，推动图书馆发展进入新阶段具有十分重要的意义。

一、新媒体的特征

新媒体的特征，如图 6-4 所示。

---

[1] 孙志梅.新媒体赋能新阅读——评《新媒体时代图书馆管理与服务研究》[J].传媒，2021（22）：102.

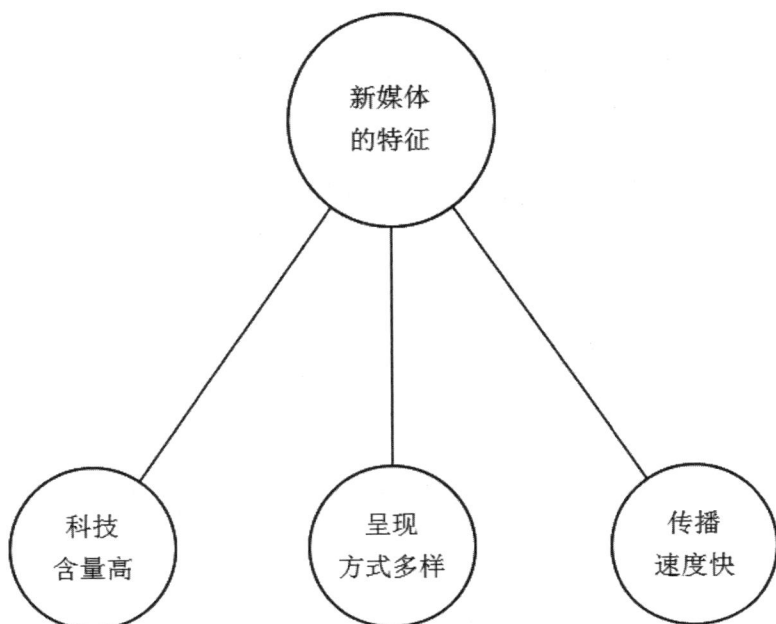

图 6-4 新媒体的特征

（1）科技含量高。新媒体是以互联网、数字化技术为基础的媒体形态，与传统媒体相比，其本身的科技含量更高，所能传递出来的艺术形式也更加宽泛。

（2）呈现方式多样。由于新媒体的载体大多数是以数字化设备为主，智能化、数字化的载体使得其本身具备极强的展现能力。通过将多种不同的技术融入设备之中，便于更好地对信息进行有效、全面性的传递。

（3）传播速度快。互联网技术本身具有极强的信息传播功能，借助互联网技术发展起来的新媒体，在传播信息的过程中速度变得更快，信息所能覆盖的面积也变得更加宽泛。

二、新媒体背景下读者阅读习惯的改变

新媒体给人们的日常生活带来了极大的影响，从阅读的角度看，传统的纸质版书籍尽管依然存在，但人们更多的会选择通过新媒体的方式开展更加便捷的阅读活动。新媒体背景下读者阅读习惯转变主要表现如下：

（1）阅读媒介的数字化。在新媒体环境下，随着互联网技术的快速发展，阅读媒介逐渐出现了较强数字化的倾向，除了电子文本之外，电子书、有声读物等数字化阅读媒介不断涌现，不仅满足了人们碎片化阅读的现实需求，也让阅读媒介的存储、使用、剪辑等方面变得更加便捷和丰富，读者的阅读体验也会大大增强。

（2）阅读载体的网络化。在新媒体环境下，人们的阅读载体更多呈现的是网络化方式，人们依托互联网或者手机终端，就可以在网络上浏览自己需要的文献资料，缩短了人们查询资料的时间成本和空间成本，这也使得人们实施阅读的效率和质量不断提升。

（3）阅读方式的互动性。在新媒体背景下，读者和作者之间的沟通交流更加直观方便，依托手机、互联网等媒介，读者可以就自己的阅读体验、阅读中遇到的问题等随时跟作者进行交流，作者也可以根据读者的需要，对读者的阅读进行及时的指导，这让阅读方式更加体现出互动性的特点。

三、新媒体背景下图书馆管理的创新策略

（一）不断树立创新的管理服务思维

在新媒体背景下，图书馆管理者一定要从读者的角度出发，真正实现图书馆管理服务的以人为本。

（1）通过问卷调查、网络投票、读者见面会等载体和方式，不断强化对新媒体背景下高校读者阅读习惯和阅读口味的研究和探索，强化与读者之间的交流互动，进一步了解读者的内心需求。

（2）通过组织各种各样的阅读活动，比如读者节、读书节等活动，进一步激发和培养广大高校师生养成良好的阅读习惯和阅读兴趣。发挥以人为本的基本理念，优化以人为本的特点展开具体的管理服务的创新。结合实际情况对当前服务中存在的一些不合理、不人性化的内容进行优化，提升服务的质量。结合读者实际需求对新媒体背景下的服务模式进行优化，提升服务水平。

（二）充分发挥新媒体的主体作用

在图书馆管理创新过程中，要不断强化新媒体与图书馆管理工作的全方位融合。加强图书馆管理硬件的开发使用力度，特别是不断加大对手机图书馆 App 等新媒体载体的开发和使用，不断丰富和拓展新媒体阅读媒介，努力让高校读者使用图书馆的过程更加方便、快捷、及时。做好这些新软件、新硬件的宣传与指导工作，对于一些不会使用新媒体设备的同学，应给予及时的指导，帮助其快速适应新媒体，从而提升阅读效率。

依托新媒体不断强化与读者之间的交流和沟通，不断利用微博、微信等向读者推送和发布图书资讯，努力提升图书馆阅读推广的质量和效果。发挥线上互动的优势，定期收集读者对新的阅读条件、新的阅读内容的想法与体验，并以此作为日后工作与创新的重点，从而提升工作效率。

（三）不断优化图书馆资源管理方式

图书馆资源管理是图书馆管理工作的一个重要内容。在新媒体背景下，管理者应对图书馆的资源进行优化管理，发挥新媒体优势，从资源的合理分类、资源的多样化传递、资源的有效管理以及资源的安全存储等角度对其资源管理方式进行优化。

在图书馆管理方式上，要注重依托新媒体技术对馆藏资源合理分类、归档，特别是要

强化新媒体服务管理模块建设，依托新媒体技术让图书管理方式更加人性化、便捷化和精准化，不断满足读者需求。

强化馆藏资源的共享开发，可以联合其他高校的图书馆进行馆藏资源的共享和互通，既在客观上拓展了图书馆的资源，也可以吸收和借鉴其他图书馆的管理经验，对自身的管理工作进行创新探索。

（四）不断提升图书馆管理工作人员的能力素质

（1）强化图书馆管理人员队伍建设，选拔和吸收专业技术人员充实管理人员队伍，要强化图书馆管理人员对新媒体技术的认知和熟悉程度，强化对新媒体运行规律和技术的熟悉和掌握，确保图书馆管理人员能够树立新媒体思维、熟练地掌握新媒体技术。

（2）强化对图书馆管理人员的管理创新，通过科学的考核和激励制度，不断激发图书馆管理人员的积极性和创造性，为图书馆发展注入人才动力。

参考文献

[1] 安玉洁. 大数据环境下图书馆管理思维与管理创新 [J]. 产业与科技论坛，2022，21（07）：279-280.

[2] 程秀峰等. 基于用户画像的图书馆智慧参考咨询服务模式研究 [J]. 图书馆学研究，2021（02）：86.

[3] 邓辉. 图书馆开展信息素养教育的优势及对策 [J]. 图书馆工作与研究，2010，（10）：96-98.

[4] 丁林鑫. 增强现实（AR）对图书馆服务与管理的提升研究 [D]. 郑州：郑州航空工业管理学院，2019：12-33.

[5] 郭敏. 图书馆电话咨询服务的现状与对策 [J]. 图书馆研究与工作，2007（04）：44.

[6] 侯婕. 新媒体在高校图书馆阅读推广中的应用研究 [D]. 长春：长春工业大学，2020：21-35.

[7] 刘聪尧. 公共图书馆的文化传承与创新——论现代图书馆传统性与数字化的融合发展 [J]. 艺术百家，2014，30（S1）：72-73+101.

[8] 刘晓辉. 现代图书馆图像数据资源建设概论 [M]. 北京：中国戏剧出版社，2018.

[9] 马科. 图书馆职能的历史演进 [J]. 传媒论坛，2022，5（10）：96.

[10] 牛根义. 现代图书馆评价研究 [M]. 武汉：武汉大学出版社，2018.

[11] 沈秀琼. 视觉文化语境下大学图书馆读者教育的发展与实现路径 [J]. 国家图书馆学刊，2014，23（04）：42-47.

[12] 滕琦. 公共图书馆虚拟参考咨询服务应用深度学习的智能问答研究 [D]. 太原：山西财经大学，2021：12-41.

[13] 王诗梦. 情景敏感服务模式下高校图书馆数字参考咨询服务创新研究 [D]. 大连：辽宁师范大学，2020：21-36.

[14] 王志红. 图书馆文献信息资源建设探析 [J]. 科技资讯，2021，19（28）：177.

[15] 王宗义. 现代图书馆管理与社会文化活动论纲 [J]. 图书馆论坛，2008，28（06）：59-62.

[16] 吴宏. 以人为本与现代图书馆管理模式 [J]. 南京政治学院学报，2009，25（05）：122-124.

[17] 吴建中，范并思，陈传夫，等. 面向未来的图书馆与社会 [J]. 中国图书馆学报，2021，47（02）：4.

[18] 肖新祥. 信息素养的理论缘起、内涵及构成要素略论——兼论信息素养教育国际经验 [J]. 电化教育研究，2021，42（08）：116.

[19] 许雪梅 . 信息化背景下图书馆管理创新研究 [J]. 兰台内外，2022（04）：64-66.

[20] 许雁伟 . 浅谈现代图书馆文化管理 [J]. 办公室业务，2014（15）：136.

[21] 杨杰清 . 现代图书馆管理实务 [M]. 北京：现代出版社，2019.

[22] 杨明华 . 图书馆的服务管理模式与图书馆建筑 [J]. 图书馆论坛，2004，（01）：137-139.

[23] 于静，郝永艳，赵敏，等 . "微课程"在信息素养教育服务中的实践探索 [J]. 图书馆建设，2015，（10）：60-62+67.

[24] 翟辰敏 . 图书馆参考咨询服务发展演变研究 [D]. 郑州：郑州大学，2016：6-11.

[25] 张白璐 . 读者阅读心理趋向初探 [J]. 新疆社科论坛，2018（05）：110.

[26] 张洁，王英，杨新涯 . 翻转课堂在信息素养教育中的实践研究 [J]. 图书情报工作，2014，58（11）：68-72.

[27] 张敏 . 关于我国现代图书馆人力资源管理的思考 [J]. 四川图书馆学报，2006（05）：52.

[28] 张素华，张伟 . 新媒体背景下图书馆管理创新方向探究 [J]. 记者观察，2021（36）：145-147.

[29] 张涛 . 网络时代图书馆全面质量管理与服务创新分析 ——评《现代图书馆全面质量管理与创新服务研究》[J]. 领导科学，2020，（07）：127.

[30] 张燕 . 新媒体时代档案记忆再生产转型研究 [D]. 上海：上海大学，2020：12-33.

[31] 张治理 . 论现代图书馆管理与服务的人本化 [J]. 中国图书馆学报，2005，（01）：71-73.

[32] 章忠平 . 公共图书馆读者信息素养教育的思考 ——基于读者信息素养现状的调查与分析 [J]. 图书馆理论与实践，2014，（03）：40-42.

[33] 和婷 . 大数据思维对图书馆信息服务工作的启示 [J]. 图书馆建设，2014（01）：64.

[34] 王璐璐 . 信息化背景下公共图书馆阅读推广策略创新研究 [J]. 文化产业，2021（34）：127.

[35] 孙志梅 . 新媒体赋能新阅读 ——评《新媒体时代图书馆管理与服务研究》[J]. 传媒，2021（22）：102.

[36] 白伟 . 对发展和扩大读者队伍的几点思考 [J]. 图书馆工作与研究，2002（05）：49.